말을 바꾸니 일터가 달라졌다

자기공감과 상대공감으로
일터를 변화시킨 15명의 이야기

일터가 달라졌다

윤인숙 지음

한국NVC출판사

25년간 코칭 및 코치 훈련을 담당해오면서 나에게 가장 큰 변화가 무엇이었나를 돌아본다. 판단을 멈추고 먼저 수용하는 것이 아닐까. 코칭에서는 이것을 에고리스_ego-less_라 하고 불교에서는 있는 그대로를 본다는 가르침으로 전한다. 비폭력대화는 이러한 근본을 훈련하는 일이다. 가족이나 직원을 혹은 자신조차도 변화시키려고 훈계하고 비판할수록 진정한 변화는 멀어진다. 내면의 힘을 누르기 때문이다.

이 책은 다양한 곳에서 각자의 일과 삶을 영위하는 사람들이 비폭력대화를 어떻게 익히며 적용해 왔는지를 생생한 이야기로 들려준다. 한 정신과 의사는 "내면의 변화에는 상담자의 따뜻함이 원동력이 되며, 비폭력대화의 정신인 사랑하는 마음으로 내담자를 대하면 그 사랑이 전달되어 깊은 변화가 일어난다"고 증언한다. 어떤 분은 비폭력대화가 곧 코칭이라고 말하면서 코칭은 비폭력대화라는 기초체력 위에 얹어진 실용적인 기술 같다고 진술한다. 공공분야의 리더 한 분은 민원과 갈등이 난무하는 현장에서도 아끼고 보호하는 마음과 정책만이 진정한 변화의 동인이었음을 증언한다.

우리는 좋은 관계를 원하고 내면의 평화를 원한다. 어떻게 그렇게 할 수 있느냐고 묻는다면, 나는 비폭력대화를 배워보라고 추천하고 싶다. 이 책의 여러 이야기는 진실해서 울림이 있고, 우리 자신을 돌아보게 만들며, 그래서 더 나은 사람이 되도록 영감을 준다. 모든 코치들에게, 부모들에게, 조직의 리더들에게 일독을 권한다.

-고현숙(국민대 교수, 코칭경영원 대표코치)

이 책은 다양한 일터에서 말의 새길을 낸 열다섯 명의 실천자들이 들려주는 생생한 목소리를 담고 있다. 비폭력대화를 공부하고 실천하여 자신을 바꾸고 주변을 변화시키며 삶을 여유롭고 풍성하게 만든 이야기를 들려준다. 대화도 배우고 공부해야 하냐는 질문에, 이 책은 대화니까 꼭 배우고 공부해야 한다고 답한다. 배우고 공부하지 않으면 가시 돋친 대화를 하기 쉽다. 대화의 희열보다는 대화의 상처를 더 많이 기억하는 이유다. 비폭력대화가 강조하는 관찰, 느낌, 욕구, 부탁의 말하기 순서는 내 몸에 돋아나려는 뾰족한 가시를 부드럽고 포근한 양털로 바꿔준다. 말을 바꾸는 것만으로 일터가 달라질 수는 없지만, 말을 바꾸지 않고 일터는 달라지지 않는다. 뾰족한 가시를 포근한 양털로 변화시키는 비폭력대화를 공부하고 실천해야 하는 이유다.

-신지영(고려대학교 국어국문학과 교수, 《신지영 교수의 언어감수성 수업》 저자)

비폭력대화는 상대를 설득하기 위한 도구가 아니라, 나 자신의 마음을 정직하게 듣는 데서 시작되는 언어임을 이 책은 조용히 증언한다. 정신과 진료실에서, 법정과 일터에서, 교실과 가게 앞에서 이 언어를 만난 사람들은 누군가를 바꾸기보다 먼저 자신과의 관계를 회복했다는 사실이 놀랍기만 하다. 가족 상담과 코칭 현장에서 비폭력대화를 실천해온 나 역시, 판단이 잠시 멈추고 공감이 쌓일 때 인간의 삶이 얼마나 단단해지는지를 수없이 목격해왔다.

이 책 속 15명의 목소리는 그 확신을 삶으로 증명한다. 말이 달라질 때 관계가 바뀌고, 관계가 바뀔 때 일터와 공동체의 숨결 또한 달라진다. 공감은 가장 느린 길처럼 보이지만, 결국 가장 멀리 도달하는 언어임을 이 책은 따뜻하게 보여준다. 자신의 말과 마음을 돌보고 싶은 모든 분께 강력하게 일독을 권한다.

-권수영(연세대 상담코칭학 교수, 《나쁜 감정에 흔들릴 때 읽는 책》 저자,
〈세바시〉〈어쩌다 어른〉 출연)

비폭력대화가 사람들에게 닿을 최고의 책이 드디어 나왔다. 싸움을 원하는 사람은 없다. 그런데 우리는 싸운다. 나를 지킨다는 명목

으로 더 날카로운 말을 뱉어낸다. 지치면서도 멈추지 못한다. 그렇게 스스로를 고립시키고 있었다는 것을, 이 책을 통해 비로소 깨달았다. 변호사, 영상감독, 공무원, 교사, 편의점 주인, 정신과 전문의 등 각자의 일터 이야기가 놀라울 만큼 공감되고 잘 읽힌다. 마치 내가 인터뷰 자리에 앉아 대화를 나누는 것 같다. 그들의 선함과 따뜻함, 그리고 변화가 생생히 보인다.

말 하나 바꿨을 뿐이라고 말하지간, 그 '뿐인데'가 너무나 크다. 용기 있는 변화 하나가 자신과 주변을 밝히고 있다는 것을 읽는 내내 확인하게 된다. 절로 미소가 지어진다. 그냥 인터뷰집의 수준을 넘어서 말하는 법을 자연스럽게 배우게 하는 실용서다.

–최익성(플랜비디자인 대표, 경영학 박사, 《커리지》 저자)

차례

1부

2부

3부

2023년 12월 비폭력대화교육원의 공동대표를 맡았습니다. 저는 이 좋은 대화법이 왜 이렇게 더디게 확산하는지 아쉬움이 컸습니다. 비폭력대화를 좀 더 빨리 세상에 알려서 사람들의 말이 편안하고, 그래서 세상이 평화롭기를 바랐습니다. 그런 소망의 일환으로 이 책을 구상한 지 1년 반 만에 드디어 책을 선보입니다.

저는 둘째를 낳은 후 가사와 육아 분담을 둘러싸고 남편과 갈등을 겪으면서 해결방법을 찾아 헤맸습니다. 운 좋게 십 년 만에 비폭력대화를 만났고, 수업을 들은 후 내 언어의 문제가 무엇인지 발견하고는 기나긴 말싸움에 스스로 마침표를 찍었습니다. 처음에는 개인적인 문제를 해결하려고 배웠지만, 그렇게 배운 대화법은 회사생활에도 많은 도움이 되었습니다. 자연스럽게 비폭력대화를 회사에 전파하고 싶은 마음도 커진 나머지 내 전공과는 다르지만, 직원교육을 담당하는 부서로 가고 싶다는 생각도 했습니다. 그러나 아쉽게도 비폭력대화를 회사생활에서 제대로 활용하지 못한 채 조금 일찍 회사를 나왔습니다. 많은 아이들을 순식간에 잃은 세월호 사건의 충격으로, 자유롭게 살면서 아이와 좀 더 많은 시간을 보내고 싶은 게 당시 저의 강한 욕구였고, 그에 부응한 결과였습니다.

개인적인 아쉬움 때문에 저는 다른 사람들이 일터에서 비폭력대화를 어떻게 활용하고 있는지 궁금했습니다. 그래서 대표가 된 이후 자신의 일에 비폭력대화를 활용하고 있는 사람들을 발굴해서 2024년 6월부터 매달 한 명씩 인터뷰를 진행했고, 한국NVC센터의 뉴스레터에 글을 올렸습니다. 그리고 15명의 인터뷰 글을 모아 드디어 책을 내게 되었습니다.

이 책에서 만난 15명의 직업은 다양하지만, 이들의 공통점은 자기이해와 자기공감을 통해 내면이 평화로워졌다는 것, 단단해진 내면의 힘으로 상대를 공감하면서 조직의 변화를 서서히 만들어내고 있다는 것이었습니다. "세상에서 보고 싶은 변화가 있다면, 네가 먼저 그 변화가 되어라"는 간디의 말처럼, 사회의 변화는 나로부터 시작한다는 말을 이들을 통해 확인했습니다.

독자 여러분이 내면의 평화를 얻고 새로운 관계와 새로운 세상을 만들어가시는 길에 이분들의 이야기가 도움이 되길 소망합니다.

2026년 2월 서촌에서
한국비폭력대화교육원 공동대표 윤인숙

1부

정신과 상담에 비폭력대화를 접목하는
정신건강의학 전문의

—

이승민

이승민 님(이승민정신건강의학과 원장)은 필자와 2014년 중재 과정[*] 동기입니다.

당시는 이분이 어떤 일을 하는지 몰랐습니다. 나중에 연습모임[**]에서 만났을

---

[*]　중재는 개인과 집단의 갈등을 평화로운 방법으로 해결하는 것을 돕는 방법으로 중재전문가 과정은 한국비폭력대화교육원에서 진행하는 1년 집중 과정이다.

[**]　일상생활에서 비폭력대화를 적용하는 데 어려웠던 점을 되돌아보고 공감과 지원을 나누는 자리이다.

때 정신건강의학과 전문의라는 걸 알았습니다. '아, 정신과 의사도 비폭력대화를 배우는구나' 싶어서 매우 반가웠습니다. 한동안 만나지 못하다가 2024년 1월 경주에서 열린 비폭력대화 국제심화교육에서 다시 만났습니다.

비폭력대화를 어떻게 배우게 되셨나요.

정신과 전문의가 된 후 환자를 효과적으로 도와주고 싶어서 인지행동치료를 배우기 시작했어요. 인지행동치료는 정신과 치료 중에서 효과가 검증된 치료방법이에요. 2010년, 그 치료방법을 배우려고 선생님들을 찾아다닐 때 같이 배우던 한 동료가 "이 책 좋다고 하대" 하면서 소개해준 책이 바로 《비폭력대화》였어요.

인지행동치료에는 힘들었던 상황과 그때의 느낌과 생각, 그리고 행동을 찾아내는 과정이 있어요. 그것이 비폭력대화(NVC)에서 말하는 관찰, 느낌과 거의 유사한데, 욕구는 인지행동치료에서 이야기하지 않는 부분입니다. 그런데 비폭력대화의 욕구 관련 내용을 읽으니까 뭔가 확 풀리는 느낌, 뻥 뚫리는 느낌이 들었어요. 그때 명상도 배우고 있었는데, 관찰도 명상과 너무 비슷해서 관심이 갔죠. 그 후 2011년에 당시 신촌에 있던 비폭력대화센터를 찾아가서 배우기 시작했어요. 저는 빨리 배울 생각이 없어서 한 단계씩 배우면서 적용하고 효과를 체득하면서 천천히 배워나갔습니다. 비폭력대화를 배우면서 좋았던 건 카드를 펼쳐놓고 느낌, 욕구를 찾아가는 것이었어요. 환자를 도와드리는 조력자 입장에서도 적용할 수 있는 방법이겠다 싶어서 참 좋았습니다.

심리 상담을 할 때 내담자들에게 느낌, 욕구 카드를 보여주면서 혹시 이런 느낌인가요? 하고 물어보기 시작했어요. 지금은 벽지 안에 자석판을 넣어서 벽에 자석카드를 붙여두었는데, 예전에는 우표 수집할 때 쓰는 것 같은 비닐 포켓을 걸어두고 내담자에게 가서 뽑아 보시라고 했어요. 그러면 내담자가 자기 마음을 직접 뽑으면서 너무 좋아하시더라고요. 제가 말하지 않아도 혼자 자기 마음을 쉽게 알 수 있는 거죠. 그리고 나면 내담자가 호기심을 가지고 상담에 적극적으로 참여하기 시작해요.

치료의 기본 틀은 인지행동치료지만, 비폭력대화의 느낌, 욕구 카드를 이용하면 내담자들이 훨씬 더 자기 이야기를 잘하고 자기공감도 쉬웠어요. 저도 내담자들이 자기 마음을 발견하고 스스로 표현하는 것을 보는 게 너무 좋았고 상담하기도 훨씬 쉬웠습니다.

제 병원을 열기 전에는 조현병이나 알콜 중독 환자들이 입원해 있는 병원에서 일했어요. 입원환자들을 대상으로 명상 진행도 하고 집단인지행동치료도 했는데, 어느 날 비폭력대화 강의를 했더니 환자분들의 반응이 기존 프로그램보다 훨씬 더 좋았어요. 조현병 환자들의 경우는 상대방의 마음을 읽는 방법을 배우면서 사회성이 발달했죠. 알콜 중독 환자들의 경우는 강제로 감금당한다고 생각하는 사람들이 많기 때문에 교육을 해도 시큰둥한 경우가 많은데, 술 마시는 상황에서의 느낌과 가족 간의 사랑, 관심 같은 욕구를 찾으면서 눈물을 흘리시더라고요. 개인 상담이 아니라 병동 내 집단 상담에서는 그렇게 하기가 쉽지 않은데, 비폭력대화는 자신의 깊은 마음을 찾아가도록 도와주니까 분명한 효과를 내더라고요. 비폭력대화가 내담자의 마음에 다가가기 쉬운 도구라는 걸 그때 확신했죠.

그 후 정신과의원을 개원하고 나서는 우울증이나 불안증, 대인관계의 어려움으로 오시는 분들을 많이 만났어요. 자녀와의 관계가 어려운 분, 너무 착해서 눈치를 많이 보고 자기표현을 못 하는 분들은 오랫동안 치료를 받았지만 특별하게 나아지는 것 같지 않아서 좌절을 많이 했었는데, 비폭력대화를 하면서 재미를 느끼는 분들이 많아요. 그리고 자신이 환자라서 대단한 치료를 받아야 한다고 생각해서 온 게 아니라 그냥 소통방법에 관한 수업을 받으러 왔다가 마음이 치유되는 경험을 하면서 많은 감동을 느끼고 변화를 경험하시기도 합니다.

“생각을 이렇게 바꾸세요, 행동을 저렇게 바꾸세요”라고 해도 마음의 변화가 일어나긴 합니다. 그런데 더 깊은 변화는 자기 내면의 변화이고, 내면의 변화에는 상담자의 따뜻함이 원동력이 돼요. 비폭력대화는 대화법만으로도 훌륭하지만, 비폭력대화의 정신인 사랑하는 마음으로 내담자를 대하면 그 사랑이 전달되어 깊은 변화가 일어나요. 많은 치료자가 내담자를 사랑하는 마음으로 대하듯이, 비폭력대화도 사랑이 기본이기 때문에 깊은 변화가 일어나는 것 같아요.

비폭력대화를 활용한 상담으로 의미 있었던 사례는 어떤 것이 있나요.

찾아오는 분 중에는 처음부터 커플 치료를 부탁하는 경우도 있고, 개인 상담을 받다가 좋아서 파트너와 같이 상담하는 경우도 있는데, 주로 갈등 상황에서 찾아옵니다. 이분들은 비폭력대화를 전혀 모르기 때문에 바로 커플 치료로 들어가지 않고 느낌, 욕구를 찾는 방법부터 알려드려요. 그 후 두 사람의 상황을 꺼내서 비폭력대화 중재 방식으로 상담을 하는데, 커플들에게 많은 변화가 일어나요. 이혼할 뻔한 커플도 효과를 보았어요.

부모와 갈등이 있는 경우도 있는데, 내담자 한 명이 엄마와 사이가 너무 안 좋았어요. 그런데 그분 어머니가 제가 알려드린 비폭력대화 책을 읽은 후 말이 바뀌었어요. 여러 가지 시도를 해도 마음을 안 여시다가 도움을 원하는 짧은 순간에 《비폭력대화》 책을 소개했던 것인데, 그 책 한 권으로 자녀와의 관계가 달라졌어요. 어머니는 그 일로 매우 감사하다고 말씀하셨어요.

주변 동료 의사에게도 비폭력대화를 권유하세요?

의사 친구 몇 명에게 권유했는데, 제가 너무 기대를 많이 올려놨는지 그렇게 좋은 반응을 얻지는 못했어요. 사람마다 선호하는 게 다를 수 있다고 봅니다. 어떤 사람은 정신분석을 전공하고, 어떤 사람은 인지행동치료를 전공하면서 추구하는 스타일이 다르니까요.

인지행동치료는 생각과 행동을 변화시켜서 치료하는 방법이에요. 물컵에 물이 반이 차 있을 경우, 반밖에 없다는 생각을 반이나 남았다는 생각으로 변화시키는 것을 인지치료라고 하고, 무서워서 피하고 싶을 때 피하지 말고 한번 부딪혀 보도록 행동을 바꿔주는 걸 행동치료라고 해요.

인지행동치료는 데이터로 효과가 검증된 방법이에요. 우울증 환자의 50%에게 효과가 있다는 것이 데이터로 검증되었기 때문에 인기가 있어요. 그러나 한 가지 치료방법이 모든 걸 다 커버하는 건 아닙니다. 훌륭한 치료자라면 폭넓은 공감을 기반으로 하시겠지만, 생각을 바꾸고 정답을 찾아주는 작업을 하다 보면 공감이 약할 수 있어요. 그런데 비폭력대화는 상대의 욕구를 찾아주면서 감정 공감을 함께하기 때문에 따뜻하게 접근할 수 있어요.

코로나 시기에 잠시 멈췄다가 두 달 전 오프라인으로 다시 열었어요. 이 수업은 환자분들이 눈물을 흘릴 정도로 좋아해요. 정신과 치료는 주로 개인 상담을 하는데, 비폭력대화 수업은 그룹으로 하잖아요. 열 명이 모여 공감받지 못한 순간, 폭력을 당했던 순간을 이야기하면 듣는 것만으로도 치유가 된다고 이야기합니다. 내가 폭력을 당해 힘들었는데 이 사람도 당하고 저 사람도 당했다는 이야기를 들으면 나만 그런 게 아니었구나 싶어서 연결감도 생기는 거죠. 참여자들이 서로서로 공감해주는 것도 큰 도움이 되는 거 같아요.

비폭력대화 수업을 하다 보면 그룹 전체가 치유되는 경험도 합니다. 6주 동안 수업을 하면서 서로가 아주 끈끈해져서 수업이 끝날 무렵이 되면 자기를 알아주는 집단이 없어진다고 너무나 아쉬워해요. 그래서 연습모임으로 여섯 번을 더 만나고 있어요. 예정된 시간이 한 시간 반인데, 두 시간을 훌쩍 넘어가곤 합니다. 이렇게 이어나가는 과정에서도 변화가 일어나요. 모임은 명상으로 시작하는데, 명상하고 공감만 해도 도움이 되고 변화가 일어나요. 이렇게 개인상담, 커플상담, 집단치료에 비폭력대화를 적용하면서 마법 같은 경험을 하고 있어요.

제가 비폭력대화를 만난 건 너무 큰 행운입니다. 마음이 힘든 사람일수록 마음 열기가 힘든데, 비폭력대화의 따뜻하고 정중한 태도가 마음을 녹일 수 있게 도와주는 것 같아요. 그리고 비폭력대화는 네 가지 단계를 익히면 자기 것이 되니까 힘이 생기는 것 같아요. 비폭력대화 수업을 들으신 분들은 상담 중에 "내가 지금 나를 공감하고 있지 않는 거네요"라면서 자기 자신을 볼 수 있는 힘이 있어요.

병원 주변에 IT 기업이 많아서 젊은 직장인이 많이 오고, 뒤쪽에 아파트가 있어서 학부모나 학생들도 와요. 직장인들은 주로 내적인 문제가 많아요. 자기를 희생하면서 너무 참거나 일을 무리하게 하다 보면 공황장애가 생기거든요. 하다 하다 못 견디면 심장이 빨리 뛰는 증상이 생기는데, 이런 분들은 대개 자기 표현을 못 하고 자신을 아껴주지 못하는 경우가 많아요.

대인관계에서 부당한 일을 당했는데 자기표현을 두려워하는 경우도 있습니다. 이야기를 듣다 보면 부모님과의 관계도 들여다보게 되는데, 성장 과정에서 만들어진 '코어자칼'이 있어요. 자신과 사람들, 세상에 대해 어린 시절에 만들어진 핵심 신념이죠. 그래서 코어자칼 작업까지 들어가게 돼요.* 코어자칼 레벨에서 생각이 바뀌면 많은 게 바뀝니다. 정신과 의사로서 그런 변화 과정을 도와줄 수 있어서 감사하고 행복해요.

상담 이외에 다른 일도 하시나요.

번역을 하고 있는데, 병원 홈페이지에 제가 번역한 책자들이 올려져 있어요. 지금 네 권이 나와 있고, 두 권 정도 더 나올 예정이에요. 내공이 쌓이면 제 책을 쓸 때가 오겠지요. 비폭력대화 책 한 권을 읽고 한 가정이 바뀐 사례가 있었듯이, 그렇게 도움이 되는 책을 쓰고 싶어요.

앞으로 어떤 계획이 있는지요.

많은 동료 정신과 의사들에게 비폭력대화의 진가를 전하고 싶어요. 그때까지 한 분 한 분을 따뜻하게 만나려고 합니다. 한 걸음씩 나아가다 보면 어느덧 그런 날을 만나게 되겠지요. 그때까지 뚜벅뚜벅 나아가려고 합니다.

....

* 코어자칼은 개인이 삶의 원칙으로 여기는 내면의 '자칼'을 인식하고 변화시켜 평화롭고 창조적인 삶을 살도록 돕는 프로그램이다. 이 교육은 어린 시절의 경험 등으로부터 형성된 자신의 고정관념이나 삶의 패턴(코어자칼)을 찾아내 이를 비폭력대화 방법을 통해 이해하고 극복하는 데 초점을 맞춘다.

본인의 전문 분야에 비폭력대화를 접목하여 새롭고 더욱 풍요로운 상담의 세계를 열어가는 이승민 님. 내담자들과도 대화수업을 진행하고, 동료 의사들에게도 비폭력대화의 진가를 전하고 싶다는 이승민 님에게 큰 지지와 응원을 보냅니다.

2

소송보다 공익과 합의를
추구하는 변호사

—

윤영환

윤영환 변호사님(법무법인 덕수)은 2014년 비폭력대화 중재 과정에서 만났습니다. 한국 사회의 문화다양성이 높아지는 시대에 평화, 인권, 공존의 가치를 실현하고 있는 시민단체 '이주민센터 친구'의 대표로 활동하는 변호사님을 대림동에 있는 센터의 사무실에서 반갑게 만났습니다.

'이주민센터 친구'를 2012년 설립했어요. 외국인 문제는 사회갈등 요소일 수 있는데, 문제가 생기지 않도록 예방하는 게 중요하고, 문제가 생겼을 때는 잘 해결하는 게 중요해서 평소 갈등을 평화롭게 해결하는 중재에 관심이 많았죠.

'친구'는 2012년 설립 당시에 법률상담 위주의 작은 단체였는데, 2014년에는 좀 더 활동을 확장하려고 카페를 만들었어요. 사람들이 많이 만나서 교류해야 이주민에 대한 편견이 깨지고 서로를 이해할 수 있다고 생각한 거지요. 그래서 지하철역 가까운 곳에 공간을 새로 구하고 내부 공사를 해서 4월 중순에 오픈하려고 했는데, 4월 16일 세월호 사고가 났습니다. 결국 오픈을 미루다가 5월 16일에 개업을 했어요. 그때 엄청 힘들었어요. 변호사로 돈을 벌어서 카페 공사에 돈을 써야 하는데, 갑자기 돈이 안 벌리는 거예요. 40대 초반이니까 젊은 혈기에 일을 벌렸는데 돈이 없으니까 힘들더라고요. 그래서 스트레스를 많이 받았지요.

그럴 즈음에 비폭력대화교육원에서 중재 3일 과정이 열렸어요. 중재 과정을 거치면서 많이 편해졌고 일도 잘 풀렸습니다. 그 후 지금까지 변호사 업무나 단체 활동이 모두 우상향 성장을 하고 있어요. 좋은 후배들도 계속 들어왔고요.

변호사를 10년 정도 했을 즈음 매너리즘에 빠졌어요. 내가 왜 변호사를 하려고 했는지 다시 생각했어요. 고시 공부를 시작할 때 변호사가 되면 외국인 인권 문제나 탈북민 문제를 해결하는 데 도움이 되고 싶다는 생각을 해서 조금씩은 활동을 하고 있었는데, 이제는 본격적으로 해야겠다는 생각이 들었습니다. 그 후 사람들을 모아 조직을 만들고, 외국인들이 제일 많이 사는 곳에서 일하는 게 좋을 거 같아서 이곳 대림동으로 왔어요.

사단법인 설립은 박근혜 정부 때 했어요. 정부는 이주민을 지원하는 일을 일종의 사회복지로 보기 때문에 정권하고는 큰 상관이 없어요. 최근 오세훈 시장도 이주민이나 외국인 문제에 관심을 많이 가져서 이주민 사업이 더 커졌어요.

사법연수원 다닐 때 북한 기아 문제와 이주노동자 인권문제가 심각해서 그때 관련 단체에서 자원봉사를 했어요. 저는 서울 법대 88학번으로 학생운동을 했었습니다. 고시 공부는 졸업 후 몇 년 뒤에 시작했는데, 제 내면에서 어떤 타협이 필요했어요. 그래서 변호사가 되더라도 공적인 활동을 하는 변호사가 되겠다는 결심을 했지요. 현재 제가 속해 있는 법무법인도 공적인 활동을 계속해 온 곳이에요. 소속 변호사가 40명 넘는데 30명 이상이 공익 분야나 민변에서 활발하게 활동하고 있어요.

변호사는 언제 시작하셨나요.

2002년에 시작해서 24년째 하고 있어요. 고시 공부를 27살에 시작했는데, 학생운동을 하다가 힘들어서 그만두고 방황을 좀 했죠. 이념이 무너지던 시대여서 뭔가 대안이 필요했어요. 교육학과에 갈까 하는 생각도 하고, 불교에 관심을 가지면서 명상도 배웠어요. 사람이 바뀌려면 교육이 중요하다고 생각했는데, 인간의 본질을 깊이 들어가면 종교와 더 맞닿아 있는 것 같아요. 아버지가 목사셨는데 신학 공부도 해보고 싶어서 진보 성향의 한신대 부설기관에서 1년 동안 목회상담을 공부했어요. 그런데 너무 교조적이라 제 성격에 안맞았어요. '도그마'(맹목적 신념)가 싫어서 학생운동도 힘들었는데 현실의 기독교는 더하더라고요. 이건 아니다 싶었죠.

그러던 차에 주변을 보니 학생운동을 하다가 노동현장에 갔던 선배들이 현장을 나와서 고시 공부를 하고 있었어요. 그들을 보면서 나도 고시 공부를 해야겠다는 생각을 했어요. 당시 연애하다가 차이고 나니 이러다가는 장가도 못가겠다 싶기도 했어요. 사회 통념

상 30살이 넘으면 돈을 벌어야 하잖아요. 그러려면 직업이 필요한데 이것저것 다 해봤지만 할 만한 게 없었어요.

그래서 고시를 보면서 거기서 돌파구를 찾기로 하고 공부를 시작했는데, 뜻밖에 법 공부가 너무나 재미있었어요. 뜬구름 잡는 이념만 계속 쫓아다녔는데, 법은 굉장히 현실적이고 합리적이었어요. 현실을 이성적으로 조정하기도 하고요. 법의 핵심 원리인 공평, 이익형량 이런 게 너무 재밌더라고요. 모든 게 다 벽에 부딪힌 상태였는데, 다양한 활동을 하면서 배운 것들과 현실을 설명하는 여러 가지 이론이 통합되니까 공부가 상당히 재미있었어요.

공부 3년 만에 고시에 합격했습니다. 대학시절 공부 안 한 거 생각하면 빨리 된 편이에요. 사실 할 게 없어서 공부만 했는데, 공부가 너무 재밌었던 거죠. 대학 때는 왜 그렇게 싫었나 모르겠어요. 밖에서 민주화운동에 대한 압력이 크니까 그쪽으로 확 몰입했던 것 같기도 하고요. 대학 때부터 고시 공부한 동기들은 7~8년 먼저 법조계에 들어가서 이제는 대법관, 헌법재판관을 하고 있어요.

변호사가 되고 나서는 바로 법무법인 '덕수'에서 일을 시작했어요. 면접 보고 바로 출근해서 지금까지 다니고 있습니다. 제 성향이 리버럴한데, 덕수는 전형적인 업무 외에도 공익 활동을 포함한 다양한 시도를 해볼 수 있어서 저한테 잘 맞았어요.

법은 현실적이었던 것 같아요. 예를 들어 분쟁이 났는데 이걸 어떻게 해결할지에 대한 이치가 들어 있었어요. 법이라는 게 결국은 사회생활과 거래를 다루는 거니까 사회 곳곳을 법이라는 규범을 통해 들여다보는 거지요. 이전에 공부하던 사회개혁이나 혁명은 대체로 이념적이었다면, 법은 현실 속에서 세상이 어떻게 돌아가는지를 보여주니까 생각을 더 구체화할 수 있어요. 또 돈도 벌 수 있으니까, 경제활동을 하면서 이런저런 일을 할 수 있을 것도 같았고요.

과천에서 공동육아할 때 어린이집에서 열린 특강을 들으면서 처음 접했어요. 한 20년 되었네요. 대화를 배운 적이 없으니까 되게 신선하더라고요. 사람을 이해하는 방법도 조금 알게 되었어요. 그때 흥미를 느껴서 후배 변호사들을 모아 NVC1[*] 과정을 들었고, 박성용 목사님이 계신 비폭력평화물결 쪽 교회도 6~7년 다녔어요. 거기서 하는 회복적 서클[**]도 관심있게 배웠죠. 결핍이 있으면 뭔가를

---

[*] 비폭력대화의 기본 모델, 진정한 대화를 방해하는 요소들, 솔직한 자기표현, 공감, 듣기 힘든 말을 들었을 때의 네 가지 선택, 감사 등을 배우는 한국비폭력대화교육원의 정규 과정이다.

찾게 되잖아요. 대화를 잘 못하니까 어떻게 하면 잘할 수 있을까 싶어서 관심을 가지게 된 것 같아요. 그러면서 배운 걸 좀 더 심화해 보고 싶던 차에 중재 과정이 열렸어요.

중재 교육을 받고 나서는 의뢰인이 찾아오거나 이주민 상담을 할 때 상담이 별로 힘들지 않았어요. 상담을 힘들어하는 변호사들이 있는데, 저는 여러 가지 힘들고 복잡한 생각을 가지고 오는 의뢰인에게 팩트를 정확히 정리해 주고, 거기에 엉켜 있는 감정을 공감하고, 원하는 게 뭔지 확인을 해요. 거기서 의뢰인들과 연결이 되죠. 현재 상황에서 의뢰인이 원하는 게 뭔지 확인을 하고 나면, 그다음에는 갖고 있는 증거나 객관적인 자료, 법적인 기준을 가지고 해결 방법을 찾아가요.

법적인 시스템 안에서 문제를 해결해야 하니까 법률 정보를 주고, 때로는 무조건 다 수용할 수 없으니 설득해야 할 때도 있어요. 비폭력대화는 시작 단계에서 도움이 많이 되고, 재판 등 모든 단계에서도 많은 도움이 됩니다. 중재 기술도 마찬가지에요. 재판을 하면 싸우게 되는데, 저는 합의나 화해 비율이 다른 변호사보다 좀 높은 편이에요. 재판 후 한참 있다가 상대방이 찾아온 적도 있어요.

....

^{**} 가족, 학교, 직장, 종교단체 등 다양한 공동체의 구성원 사이에 갈등이 생겨났을 때 개인과
공동체가 깊은 유대감을 형성하고 인간적 연결을 회복하는 방법이다.

최근에 제 의뢰인의 입장에서 중간 지점을 찾아서 상대가 잘못한 건 돈으로 보상을 받고 대신 우리가 비밀을 지켜주기로 하면서 조율하는 과정이 있었어요. 서로 원하는 것을 확인하고 해결방법을 찾은 거죠. 당사자들의 동의하에 만나서 얘기를 하다 보면 해결될 때가 있어요. 제 의뢰인에게도 원하는 만큼은 현실적으로 어려우니 조금 양보하면 얻는 게 있다고 설명하고, 상대방한테도 그의 입장을 이해해 주면서 이렇게 하면 서로에게 좋을 거 같다고 말하면 설득될 때가 있어요. 그럴 때 조정이 되는 거지요. 법원에서는 안 하면 손해라고 하면서 억지로 합의를 시키기도 하는데. 저는 자발적인 합의를 유도해요. 비폭력대화로 마음을 연결하면 좀 더 통합적으로 갈등을 조정할 수 있게 되는 거 같아요.

얼마 전 변호사였던 간디의 자서전을 다시 읽었는데 새롭게 다가온 구절이 있었어요. 소송을 통해 재판으로 가면 비용과 시간상 서로 피해가 너무 크니까 합의를 이끄는 게 변호사의 중요한 역할이라는 부분이었어요. 젊은 시절 남아프리카 공화국에 가서 처음으로 맡은 사건에서 합의를 이끌면서 간디가 큰 교훈을 얻었더라고요.

중요하지요. 저도 소송보다 합의를 선호해요. 경력이 쌓이니까 합의가 될 수 있는지 없는지 감이 와요. 할 수 있으면 합의하는 게 서로에게 이익이에요. 합의를 해도 뭔가를 포기하거나 잃을 수 있지만, 소송을 해도 질 수 있고, 또 소송해서 이긴다 해도 사람을 잃게 되니 적정선에서 합의하여 연결을 지킬 수 있는 방법을 찾는 건 변호사의 중요한 덕목인 것 같아요.

중재 교육을 통해서 그런 마음과 스킬이 향상되었을까요.

도움이 된 것 같아요. 의식적으로 중재의 원리를 쓴 건 아니지만, 제가 일하는 영역에서는 갈등 해결과 중재가 많이 필요하니까 배운 것들이 많이 적용되는 것 같아요. 주변 동료들 평이 제가 그런 걸 잘한다고 해요. 또 의뢰인들 얘기를 잘 들어주고 잘 소통한다는 평가도 많이 받는 편이에요. 제가 아는 분들 중에는 저처럼 중재나 합의에 관심을 가지고 꾸준히 훈련한 변호사가 몇 분 있습니다. 지금 우리 단체에서 일하는 변호사님도 비폭력대화를 배웠고 현재 '갈등해결과 대화' 단체의 이사예요.

얘기를 듣다 보니까 비폭력대화는 변호사를 포함한 모든 법조인들에게 굉장히 도움이 될 듯합니다.

맞아요. 그래서 초기에는 후배들한테 많이 권했어요. 요즘은 그렇게까지 권하지는 않는데, 에너지가 많을 때는 팀원이나 친한 후배들을 모아서 NVC1 수업을 같이 들었어요. 그게 팀워크에도 도움이 됐던 것 같아요. 당시 같이 일했던 변호사들이 가끔 얘기합니다. 비폭력대화 원리가 의뢰인들을 만날 때나 팀워크에 도움이 된다고요.

저는 팀워크를 위해서라기보다는 후배들에게 비폭력대화의 스킬을 키워주고 싶었어요. 비폭력대화의 장점을 후배들도 알았으면 좋겠다고 생각했죠. 그때 같이했던 사람들이 지금 다 저희 법인에 있고 또 여러 공익활동에도 계속 관여를 하고 있어요.

할 수 있으면 좋지요. 사회생활과 인간관계는 결국 대화 없이는 해결되지 않으니까요.

마음을 많이 쓰고 말을 많이 하니까 나중에는 약간 피곤한 느낌이 들더라고요. 그래서 저는 말을 안 하는 명상을 좋아해요. 또 저희 팀에는 파트너가 저 포함해서 세 명인데 저희끼리 책을 강독하기도 해요. 요즘은 신부님이 쓰신 책을 일주일에 한 번, 한 시간씩 강독하고 20~30분 얘기를 나눠요. 그런 걸 안 하면 저희 일이 너무 각박해서 지치기가 쉽거든요.

고민이 있었죠. 그걸 풀어가는 과정에서 여러 가지 것들을 만났는데, 그중에서 비폭력대화는 단순하면서도 핵심을 짚어주고, 실제로 연습하면서 조금씩 변화가 느껴지기도 하니까 좋았어요. 물론 자주 놓치지만, 원칙으로 돌아가는 준거점이 되어 주는 게 좋아요.

비폭력대화가 이주민센터 일에도 도움이 되나요.

이주민들에게는 위로와 공감이 더 필요할 수도 있어서 도움이 됩니다. 또 저희 센터의 일은 시민운동의 일부니까 활동가들끼리의 소통에도 비폭력대화가 큰 도움을 줍니다.

재정은 어떻게 충당하시는지 궁금합니다.

개인과 단체 후원으로 하는데, 어렵죠. 2024년에 현재 공간으로 이사 오면서 돈을 많이 써서 연말에 재정 압박을 엄청 받았는데 올해 연초에 조금 회복이 되었어요. 이곳에는 상근자가 네 명인데 유지하는 게 쉽지는 않아요.

가정에서의 대화는 어떤가요.

가족회의할 때 비폭력대화가 도움이 됩니다. 어렵지만 민주적으로 가족을 운영하려고 노력해요. 아이는 둘 다 12년간 의왕에 있는 대안학교를 다녔고, 대학입시는 안 봤어요. 스물다섯 살 큰애는 요가 강사로 최근 요가원을 개업했어요. 벌써 회원이 서른 명이라고 하네요. 스물두 살 작은 애는 집에서 독립해서 용돈 안 받고 필요한 건 스스로 벌어 쓰고 있어요. 그리고 대학 안 가도 배움을 이어갈 수 있다면서 기후운동 같은 사회운동에 관심을 가지면서 스스로 선택해서 살고 있어요. 지금이야 20대니까 어떻게든 살겠지만, 나중에 어떻게 될지 약간의 불안과 우려가 있긴 해요. 그러나 저희 부부가 선택한 과정이고, 애들도 그렇게 살아가기로 선언하고 살고 있어요.

공동육아는 힘들지 않으셨나요.

저희 법무법인에 있는 선배 세 명이 먼저 공동육아를 하고 있었어요. 큰애 다섯 살 무렵에 공동육아가 좋다면서 권하더라고요. 그래서 봉천동에 살다가 과천으로 이사를 가서 공동육아를 시작했는데, 되게 재미있었어요. 20대 초반 학생운동 할 때나 중고등학교 때 교회에서 느꼈던 그런 친밀감이 있었고, 사심 없이 뭔가에 몰입하는 게 좋았어요. 대학 졸업 후 10년간 개인적인 문제를 해결하기 위해 고군분투하다가 다시 마음이 통하는 사람들을 만난 거죠.

애들을 같이 키우면서 서로 이해관계가 없이 만나는 게 좋았어

요. 애들 어릴 때는 서로 비교를 잘 안 하잖아요. 꽤 좋았고 행복한
경험이었어요. 대안학교에 가면서부터는 사람이 많아지니 사심 없
는 친근함은 점점 없어졌죠. 학교에서는 서로 비교도 하고 사회적
인 압력이 있으니까요. 이사회 등 여러 가지 활동을 했지만, 대안학
교보다는 공동육아가 더 재밌었던 것 같아요.

NGO 활동은 어떤 보람이 있나요.

지금 우리나라에 사는 이주민이 약 280만 명 정도 되거든요. 이
주민이 점점 많아질수록 이로 인한 문제들이 더 나올 텐데, 이들이
잘 정착하고 갈등 없이 살아가도록 지원하는 게 저희 역할이죠. 저
희가 도움을 줘서 문제가 해결될 때 보람이 커요.

캐서린 선생님*이 최근에 외국인들을 위한 영어 수업을 열었어요. 여기에 서도 이주자들을 위한 비폭력대화 수업을 열면 좋을 거 같아요.

저희도 학부모들을 대상으로 프로그램을 한 적이 있어요. 비폭력
대화는 부모들에게 특히 필요할 거 같네요. 그리고 문래동에는 저
희가 서울시에서 위탁받은 '이주배경청소년센터'가 있어요. 100여

---

* 캐서린 한(Katherine Singer)은 1990년부터 NVC 국제인증지도자 팀의 일원으로 비폭력대화
의 창시자인 마셜 로젠버그와 함께 세계 여러 곳에서 국제심화교육(IIT)를 진행했으며 2006
년 한국NVC센터를 설립해 지금까지 강의와 국제인증지도자 양성에 기여하고 있다.

명 정도 수용할 수 있는 큰 시설이에요. 거기서 프로그램을 만들 수 있을 거 같아요. 아이들은 언어가 짧아서 쉽지는 않겠지만, 짧으면 짧은 대로 방법이 있겠죠.

서울법대를 나와 사익보다는 공익을 추구하는 변호사, 소송보다는 합의를 이끌어 내는 변호사, 번 돈의 상당 부분을 공익활동에 재투자하는 변호사, 아이들에게 화려한 스펙을 만들어주기보다는 스스로 선택하는 삶의 길을 안내하는 부모. 소위 서울법대 출신 엘리트들의 민낯으로 세상이 깜깜한 요즘, 윤영환 변호사님과의 만남은 한줄기 빛과 같았습니다.

몸과 마음의 통합적 치유를 꿈꾸는
마사지관리사

—

권애임

2024년 경주에서 열린 IIT(국제심화교육)에는 스물하나, 스물둘의 두 딸과 함께 온 참가자 권애임 님이 있었습니다. 젊은이가 부모와 함께 여행도 아니고 워크숍에 참여하다니, 놀라웠습니다. 워크숍은 두 청년 덕분에 활기가 넘쳤습니다. 그런 아이를 가진 부모가 어떤 분인지 궁금했는데, 그분의 직업을 듣고는 더 놀랍고 반가웠습니다.

30대 후반부터 마사지 기술을 배워서 국가자격증을 가지고 일을 했어요. 아이들이 사춘기에 접어들면서는 아이들 마음을 어떻게 알아주고 돌보아야 할지 고민하다가, 전문성도 갖출 겸 상담 공부도 시작했어요. 제가 공부한 분야는 프로이트가 시발점이 된 심리상담이 아니라, 드라마상담, 영화심리상담, 푸드아트심리치료, 미술치료, 독서치료, 사진심리치료와 같은 활동을 통해 해방감을 느끼고 변화를 주는 통합예술치료 분야였어요. 공부한 후에는 아이들 돌봄뿐 아니라 마사지 일에도 적용하고 있습니다.

아이가 넷인데, 막내를 낳은 2004년에 배우기 시작했어요. 비폭력대화 수업이 NVC1~3으로 나뉘지 않았을 시기인데, 신촌에 있는 캐서린 선생님 집에서 외국인 강사에게 처음으로 강의를 들었어요. 처음 비폭력대화를 접하게 된 건 책이었어요. 아이들과 책을 읽으러 학교 도서관에 가곤 했는데, 거기서 우연히 《비폭력대화》 책을 손에 잡게 된 거예요. 그 후 도대체 이게 뭔지 궁금해서 센터를 찾아가서 배웠죠.

책을 읽고도 교육원에 가서 배울 수 있다는 생각을 못 하기도 하는데, 정말 깊이 매료되셨군요.

책을 처음 만난 때가 생생히 기억나는데, 같이 간 지인이 불렀는데 제가 반응을 안 하더래요. 바로 옆에 와서 여러 차례 불렀는데도 반응이 없자 신기해서 어깨를 흔드니까 그제서야 비로소 반응하더라는 거예요. 주변이 사라져 버린 무아지경으로 집중해서 책을 읽은 건 그때가 처음이자 마지막인 듯해요. 세상에 대화하는 법이 있다는 게 너무 놀라웠고 감탄스러웠죠. 이렇게 대화를 하는 거구나 싶었어요. 책을 읽은 후 비폭력대화를 좀 더 깊이 알고 싶다는 마음이 들어 인터넷 검색을 했고, 그때 센터가 있고 비폭력대화 수업이 있다는 걸 알고 등록을 했어요.

책에 그렇게 끌린 건 남편과 소통이 답답해서였을 거예요. 자녀 양육에 대해 남편과 원활한 소통을 하고 싶었는데 대화가 잘되지 않아서 답답했거든요. 어떻게 하면 남편하고 협력할 수 있을까 고민을 많이 했어요. 당시에는 협력을 잘하려면 대화를 통해 의견을 주고받아야 하니까 편안한 대화가 관심의 초점이었던 것 같아요. 그러던 시기에 비폭력대화 책을 발견한 거죠. 저의 관심과 호기심을 끌기에 충분한 책이었어요.

비폭력대화는 누구나 알아야 할 언어지만 상담사라면 특히 배워야 할 언어라고 생각해요. 상담은 내담자가 스스로 자신의 느낌과 욕구를 찾아갈 수 있도록 도와주는 것이 기본이고, 내담자와 소통이 원활하려면, 상담사의 말하고 듣는 방식이 중요하기 때문이에요. 사실 상담공부는 아이들을 잘 보살피고 싶어서 한 거라 상담 일만 따로 하지는 않지만, 본업인 마사지를 하면서 겸하게 되는 경우가 종종 생겨요. 몸의 피로는 마음의 피로와 연결되어 있거든요. 마사지를 하면서 고객이 이야기하면 그분의 느낌과 욕구를 추측하고 수용하면서 몸과 마음이 모두 정화되는 시간을 만들어가려고 해요. 그래서 몸과 마음 모두 힐링하고 간다는 피드백을 많이 받아요. 어떤 분은 이벤트를 하는 다른 샵으로 갈 수도 있지만, 저에게 오는 건 마음까지 후련해지기 때문이라고 얘기하세요.

저는 단골 위주의 예약제 운영을 하고 있어요. 고객들은 일상생활에 지치고 힘들어서 자기돌봄이 필요할 때 오기 때문에, 마사지를 통한 육체적 돌봄과 비폭력대화를 통한 심리적 돌봄을 둘 다 제공하려고 노력하고 있어요. 보통 사람들은 생활 속 고민이나 갈등 때문에 긴장과 스트레스가 몸에 누적되어 만성 질환으로 발전하는 경우가 많거든요. 그래서 고객의 고민을 비폭력대화로 공감해주면 너무 편안해하죠. 그런 측면에서 비폭력대화가 매출에 도움이 되는 것 같아요.

예를 들어, 고객 중 한 분은 어릴 때 부모님을 여의고 고아로 어렵게 자랐어요. 10대 후반부터 동생을 돌보면서 사신 분인데, 사업이 번창하고 여유가 생기자 자신을 돌보기 위해 마사지를 받으러 오셨는데, 마사지를 받으면서 그동안 힘들었던 일들을 이야기하시더라고요. 그래서 처음에는 마사지만 하다가 지금은 상담도 함께 받고 있어요. 상담할 때는 고객이 스스로 마음을 들여다볼 수 있도록 그로그 카드*를 사용하는데, 항상 고맙다면서 비용의 1.5배를 내고 가서요. 자신에게 필요한 것을 여기 와서 충족하고 간다면서요. 코로나 때도 매출이 떨어지지 않았던 건 이런 단골들이 있기 때문이었어요. 경제가 어려우면 의식주 기본적인 것만 빼고 나머지 지출을 다 줄이게 되는데, 저는 고객이 꾸준해요. 그리고 정해진 금액을 넘어서 지불하는 경우가 많아요.

여성들은 직장 일과 집안일을 동시에 감당하고 있기 때문에 몸과

----

* 비폭력대화(NVC)에 기반을 둔 공감 카드이다. 이 카드로 게임을 하면서 여러 가지 느낌을 편안하게 대면하면서 자신이 진정으로 원하는 것을 알아차리고, 다른 사람을 폭 넓게 공감할 수 있게 된다.

마음이 지치고 힘든데, 오롯이 받아주는 데가 없잖아요. 그래서 피로를 풀기 위해 몸 관리를 받으러 오지만, 사실은 자기 마음을 공감받고 싶은 욕구도 있어요. 그걸 이해하기 때문에 그분들 얘기를 들으면서 공감해주면 눈물을 흘리는 경우가 많아요. 고객들이 공감을 받고 홀가분해지면 저도 뿌듯하고 삶의 가치가 느껴지죠.

마사지의 중요한 작용 중 하나는 근막에 있는 신경을 이완시키면서 몸에 쌓여 있는 심리적 긴장과 스트레스를 털어버리도록 도와주는 거예요. 그래서 마사지는 통합적인 이완이라고 생각해요.

고객 중에는 잠을 제대로 못 자는 분들이 많아요. 그런 분들에게는 TRE 세션을 따로 하거나 마사지에 추가하기도 해요. 저는 TRE를 몸으로 하는 비폭력대화라고 생각해요. 몸에서 어떤 일이 일어나고 있는지 자세히 알아보고, 몸에서 일어나는 일을 자기공감 하듯이 알아차리는 거죠. 자율신경계를 안정화하는 효과가 있는 TRE는 고객들이 집에서 혼자 할 수 있도록 안내도 합니다.

세 가지는 맥락이 같다고 생각해요. 마음의 느낌은 몸의 감각을 통해 훨씬 구체적이고 명확해지거든요. 몸과 마음을 분리하는 게 아니라 통합적으로 봐야 온전해질 수 있다고 생각해요. 마음은 알아차림이 중요하잖아요. 내가 지금 화가 났다는 걸 인식해야 안정화 작업이 뇌에서 일어나는 것처럼, 몸에서도 긴장이 쌓여 굳어 있는 부분을 인식하고 그곳의 감각을 느끼는 것이 중요한 것 같아요. 그리고 몸 전체에 연결된 근육과 근막이 부드럽게 풀어지도록 도와주는 작업이 필요해요.

몸에 통증이 있어서 병원에 갔는데 병명이 명확하게 나오지 않는 경우, 대개는 스트레스 질병이라고 하는데 이것은 자율신경계의 문제이기 때문에 그것을 관리해야 하는 거죠. 저는 스트레스를 관리하기 위해 인지사고적 관점에서는 비폭력대화의 느낌과 욕구 알아차리기를, 그리고 몸에 내재되어 스트레스와 통증을 유발하거나 근막에 쌓여 있는 것들을 이완하기 위해서는 마사지와 TRE를 적절히 결합해 사용하고 있어요. 몸과 마음이 상호작용을 하니까 통합적으로 관리하는 게 중요하다고 생각해요.

비폭력대화를 하는 사람들도 마사지나 TRE를 받으면 좋겠네요.

마사지는 외부에서 서비스를 받는 거라 비용이 좀 듭니다. 근데 TRE나 폼롤러를 이용한 스트레칭은 비용이 거의 안 들어요. 스트레칭은 몸 안의 시스템을 활성화해 자율신경의 안정을 유도하는 TRE와 차이가 있지만, 제가 2년 반 정도 폼롤러로 근막을 스트레칭했더니 몸의 통증이 사라졌어요. 비폭력대화를 하는 사람들도 몸의 근막이 이완되면 분명 자기연결과 자기돌봄이 더 쉽게 될 거예요.

저는 암 수술도 했고, 긴장과 스트레스로 쓰러져 병원에 실려 간 적도 있었어요. 그런 통증 경험 때문에 마음을 돌보고 몸을 돌보는 일에 관심이 많았고, 스스로 통증을 해소하면서 일에 전문성이 더해진 것 같아요.

TRE는 어떻게 배우게 되셨어요.

2019년 IIT(국제심화교육)에서 TRE를 알게 되어 공부를 시작했고, 국제 프로바이더 자격증을 취득한 후 고객을 돕기 위해 TRE 지도도 하고 있어요. 전에는 페이스 관리만 했는데 TRE를 하면서 바디 관리까지 일의 영역이 확장되었어요.

제 고객 중에 강직성 척추염이신 분이 있어요. 염증으로 인해 척추를 움직이지 않으면 몸이 계속 굳어져 가는 병이에요. 가장 심하게 굳어지는 때는 자는 동안이라 일어나자마자 몸을 풀어야만 움직일 수 있어요. 뼈 옆에는 염증이 계속 생기고요. 참 안타깝고 마음이 아파요. 그분은 신체적 고통뿐만 아니라 마음의 고통도 커요. 몸이 굳어져서 시체가 되어간다는 생각, 몸을 편안하게 움직일 수 없어 자율성이 상실되었다는 생각은 삶의 질을 현저히 떨어뜨려요. 이분에게 제가 해줄 수 있는 건 마사지와 비폭력대화를 하는 거예요. 대화를 통해 이분의 마음을 조금이나마 해방시켜 드리는 거죠. 몸이 계속 굳어져 좌절하는 마음을 돌볼 수 있는 건 비폭력대화밖에 없더라고요.

올 2월에 시작했어요. 연습모임에서는 저에게 효과가 있었던 것을 골라서 하고 있어요. 저는 제 안의 소리를 잘 듣는 자기공감을 중요하게 생각해요. 그래서 먼저 자기공감을 하고, 상대를 공감하고 싶은 의도가 생기면 상대를 충분히 공감한 후 자기표현을 하는 순서로 진행하는데, 각자 역할을 정해서 직접 경험하도록 하고 있어요.

막내 기저귀 갈면서 워크숍에 참석했으니 오래 되었죠. 지속적으로 배운 건 아니지만, 관심을 끊지 않고 있다가 내 생활에 적용이 안 되는 거 같으면 NVC1, 2, 3를 반복해서 듣고 또 들었어요. NVC1은 아마 다섯 번 들었을 거예요. 배우고 익히는 데 시간이 오래 걸렸어요. 지금도 연습 중이고 아직도 배워나가고 있어요.

중재 과정은 2023년도에 했어요. 해보니까 중재를 왜 비폭력대화의 꽃이라고 하는지 이유를 짐작하겠더라고요. '왜 안 되지? 비폭력대화는 너무 어려워!' 하면서 반복적으로 배웠던 게 중재 과정을 하면서 목화솜 피어나듯 확 피어난 것 같아요. 중재 과정을 통해 내 안의 갈등이 해소되고 심적 안정을 찾으면서 몸의 통증도 더 많이 해소되는 경험을 했어요. 마음속에 고민과 갈등, 괴로움이 있는데 이것을 그냥 마음에 묻어둔 채 몸만 보살펴서는 안 된다는 걸 경험한 거죠. 그래서 몸도 치유하고 마음도 치유하면서 두 가지를 병행하는 것이 필요하다고 강력하게 얘기하고 싶어요.

고객 중에 비폭력대화를 배워보고 싶다는 분들도 계시나요.

마사지하면서 대화하면 여자분들은 감정표현을 잘하서요. 간혹 잘 모르겠다고 하는 경우 제가 "~한 느낌인가요?"라고 물으면 맞다고 하면서 그 말이 자기 마음을 잘 표현하는 것 같다고 말해요. 반면 남자분들은 감정표현을 어려워하는 경우가 많아서 마사지 끝난 후 잠깐 그로그 카드로 이야기를 나누기도 해요. 그때 배우고 싶어 하시는 분들에게는 책도 소개하고 센터도 알려드리곤 합니다.

동료 중에 정치 성향이 너무 강해서 스트레스를 받을 때가 있는데, 그럴 때는 자기공감을 해요. 일하면서 트러블이 생길 때도 있는데 그럴 때 비폭력대화가 도움이 돼요. 직장에서 제가 가장 중요하게 생각하는 건 자기공감이고, 좀 편해지고 나면 상대공감도 해요. 직장 동료는 매일 보니까 갈등이 있으면 힘들어요. 그러나 자기공감으로 마음이 편해지고 나면 다시 볼 수 있어서 다행이다 싶어요. 다시 대화할 수 있으니까요. 비폭력대화 적용을 잘 안 할 때는 '각자 일에 충실하면 되지' 하면서 관계를 단절하기도 했는데, 비폭력대화로 연결하려는 의도를 내면 불편하지만 다시 만날 수 있다는 사실에 감사해요.

요즘 NVC출판사에서 진행하는 〈평화로운 삶 365일〉 줌 강의를 매일 밤 들어요. 매일 하다 보니 내 마음을 표현하는 데 많이 익숙해졌어요. 불편한 일이 생기면 상대를 공감할 의도가 있는지 내 마음을 먼저 들여다봐요. 그리고 상대와 연결할 의도가 생겼을 때 상대가 옆에 있으면 반갑죠. 상대를 공감하고 난 다음에 내 마음을 표현하느냐 안 하느냐를 선택할 수 있는 것도 좋아요. 그전에는 갈등이 생기면 사람 만나는 게 불편해서 회피했는데, 줌 강의를 들으면서 마음을 표현하는 데 익숙해지니까 옆에 상대가 있다는 게 감사해요.

작년에 경주 IIT에 같이 갔던 아이들이 셋째, 넷째 딸이에요. 딸들한테 공감을 많이 받아요. 큰아들은 제 얘기를 별로 좋아하지 않아요. "꼭 비폭력대화식으로 얘기해야 되나요? 그냥 소통이 잘 되면 되지, 너무 각 잡고 얘기하지 마세요, 불편해요. 저는 자유롭게 얘기하고 싶어요. 그런 게 비폭력대화같아요." 이렇게 얘기해요. 그러면 저는 속으로 웃지요. '나더러 비폭력대화 하지 말라고 하면서 자기는 다 하고 있네.' 비폭력대화는 우리 안에 다 있는 거라서 자연스럽게 얘기할 수 있는 거 같아요. 그렇다고 제가 언제나 기린식으로 말하지는 않아요. 어떤 때는 그냥 자칼식으로 팩트만 이야기하기도 해요.[*]

몸과 마음에 관련된 것들을 공부하면서 두 가지를 통합적으로 잘 안내할 수 있는 촉진자 역할을 하고 싶어요. 신경가소성[**]의 영역을 넓히면 일상에서의 변화가 더 촉진되지 않을까 생각해요. 제가 추

---

[*]　기린은 비폭력대화의 상징으로서 기린의 언어는 공감과 이해를 바탕으로 한 소통을 추구한다. 반면에 자칼은 공격적인 언어를 쓰는 이를 상징하며, 자칼의 언어는 판단과 비난을 통해 갈등을 일으킬 수 있다.

[**]　뇌의 신경계가 환경 변화와 경험, 주변 자극의 영향에 의해 구조와 기능을 바꾸면서 재조직되는 현상을 의미한다.

구하는 건 드라마 세션과 비슷해요. 각자의 마음속에 있는 것들을 직접 표현하면서 해소하기도 하고 체화하기도 하는 거죠. 내가 상대가 되고 상대가 내가 되어 감정이입을 해볼 수도 있고, 과거의 내가 지금의 나를 바라볼 수도 있겠지요. 과거로 돌아가 돌아가신 아버지와 내가 마주 앉아서 그때 내가 무엇을 느꼈고 내 욕구가 무엇이었는지, 그것이 지금의 나한테 어떻게 작용하고 있는지를 느껴볼 수도 있고요. 그냥 앉아서 이야기만 나누는 게 아니라 몸을 움직이며 비폭력대화를 경험해 보는 거예요.

권애임 님과 대화하다 보니 가정이나 일터에서 힘든 말을 자주 듣는 사람들의 마음 건강뿐 아니라 몸의 건강도 염려가 되었습니다. 마음만 치유하는 것도 온전한 치유가 아니고, 몸만 치유하는 것도 온전한 치유가 아니라는 말, 두 가지를 통합하여 치유하는 촉진자가 되고자 하는 권애임 님의 앞날을 응원합니다.

비폭력대화를 배우고
좋은 기회가 많이 생기는 영상감독

—

이종철

2025년 1월 이종철 감독님(소농지 스튜디오)을 처음 만났습니다. 비폭력대화를 주제로 영상 작업을 하시는 일에 진심인 분이었습니다. 그동안 시도해 오신 여러 가지 일들에 대한 이야기를 들으며, 저와 함께 대화하는 방식으로 해보면 어떨까 하는 제안을 했었습니다. 그래서 최근에는 〈캐서린과의 대화〉라는 제목으로 영상을 찍어 유튜브 방송에 올리기 시작했습니다.

대학에서는 불교철학을 전공하고, 미국으로 유학 가서 사진을 전공했어요. 한국에 돌아와서는 현대미술작가 스튜디오 어시스턴트를 하다가, 지금은 영상 관련 일을 하고 있어요. 영상 일은 코로나 때부터 시작해서 지금 5년 차인데, 주로 갤러리와 미술관 영상, 사진 작업을 하고 있습니다.

첫째 아이가 허니문 베이비였어요. 저는 프리랜서로 집에서 일하고 갤러리에서 일하는 아내는 출퇴근을 해야 해서 제가 육아를 맡게 되었어요. 결혼하면서 내 일을 해야겠다고 결심한 시기라 반백수 상태여서 육아를 맡았는데, 낮에는 육아를 하고 밤에는 사진 작업을 하느라 스트레스가 엄청 많았고 대화도 힘들었어요.

그래서 저의 생존을 위해 대화 관련 책들을 엄청 봤어요. 2014년 당시는 지금처럼 전자책이 활발하지 않았는데, 육아를 해야 하니까 전자책을 다운받아서 블루투스 끼고 많이 들었죠. 그러다가 비폭력대화를 듣게 되었는데, 다른 것과 달랐어요. 다른 책들은 대부분 정신과 의사들이 사례 위주로 이야기하는데, 비폭력대화는 상황과 상관없이 보편적인 대화방식을 정리해 놓아서 너무 좋았어요.

책을 읽은 후 워크숍을 듣고 싶었는데, 업무 미팅도 집에서 아이

밥 먹이면서 해야 하는 상황이었기 때문에 집 밖에 나갈 수가 없었어요. 그래서 집에서 볼 수 있는 유투브 영상을 찾아봤는데, 너무 없는 거예요. 가끔 비폭력대화를 배운 분들이 만든 영상들이 있었지만 비폭력대화를 깊이 있게 다루는 영상은 없었어요. 사실 10년이 지난 지금도 영상이 별로 없어요. 그때부터 영상을 만들면 좋겠다는 생각을 했던 거죠. 책과 워크숍 중간에 다리 역할을 해줄 수 있는 게 영상이라고 생각했어요.

연년생인 둘째까지 어린이집에 보낸 2019년, 드디어 비폭력대화 교육원에 가서 수업을 들은 후, 캐서린 선생님을 만나 제가 영상을 만들 수 있다고 말씀드렸어요. 아무래도 책은 한계가 있고, 저처럼 수업에 참여할 수 없는 사람들이 있을 테니 영상이 있으면 너무 좋을 것 같다고요. 마침 당시 스포츠 곤련 프로젝트 기금이 있어서 영상을 몇 개 만들었어요.

| 배운 후에는 어떠셨어요.

저는 완전 에피소드 덩어리에요. 비폭력대화 배우고 나서 좋은 일들이 너무 많았죠. 한번은 광고 촬영차 선배와 파리에 갔다가 호텔에서 체크아웃을 하는데 선배 신용카드에 문제가 있는지 결재가 안 되었어요. 제 카드를 쓸까 하다가 조금 불안했어요. 선배가 먼저 자기 돈을 쓰고 나중에 회사에서 환급해주는 방식이었거든요. 그래

서 담당자에게 제 카드를 써도 되냐고 카톡을 보냈는데, 자기네가 알아서 할 테니 그냥 와서 일하라고 했어요. 그렇게 일이 잘 끝나고 한국으로 돌아왔는데, 국내 담당자가 저에게 연락할 때마다 목소리에 힘이 없고, 얘기하다가도 "그때 네 카드로 결재했어야 했는데…" 이 말을 계속하는 거예요. 여러 번 그러니까 어느 순간 화가 나서 한마디 할까 하다가, 갑자기 책에서 읽은 공감에 대한 이야기가 생각났어요. 그래서 공감하는 글을 카톡으로 보냈어요. "상황이 그렇게 되서 중간에 되게 난처했겠어요." 이 문장 하나였어요. 근데 진짜 비현실적으로 모든 카톡에서 점 세 개가 느낌표 세 개로 바뀌고 목소리 톤이 바뀌었어요. 그때 비폭력대화의 효과에 대해 너무 놀랐어요.

이미 해결된 일인데 왜 자꾸 그때 얘기를 자꾸 꺼내는지 이해가 안 되었는데 그건 제 입장이었던 거죠. 당시 그분이 난처했다는 걸 알아주는 사람이 아무도 없었어요. 그게 계속 남아서 그때 얘기를 자꾸 꺼내면서 그냥 자기 마음 알아주기만을 바랐던 거였어요.

저는 비폭력대화를 배운 이후 일이 너무 잘 되고 있어요. 몇 년째 일 때문에 잠을 제대로 못 잘 정도에요. 저는 비폭력대화에서 말하는 상대의 '욕구'를 완전히 몸으로 깨달았어요. 육아할 때는 아기를 재우고 나서야 일을 했는데, 가끔 아이가 잠을 안 자고 울면서 떼를 쓸 때가 있어요. 그러면 기저귀를 갈아야 하나, 분유를 더 먹여야 하나, 하면서 아이를 살펴요. 그러면 '뭔가 욕구가 충족이 안 되니까 저러겠지' 하고 생각해요. 나를 괴롭히거나 방해하려고 그런다고는 생각하지 않는 거죠. 어른들도 말은 복잡하게 하지만 결국은 자기 욕구를 알아달라고 얘기하고 있다는 걸 육아하면서 깨달았어요.

하나 더 말씀드리면, 클라이언트가 일을 추가하거나 돈을 깎으려고 하거나 빨리 해달라고 하면, '이거 무슨 의도지? 왜 나한테 이러지? 떠보는 건가? 아무 때나 요구하던 다 해줘야 돼?' 이렇게 생각하면서 상대가 괘씸해지는 경향이 있었어요. 상대가 아무리 요청해도 내가 거절하면 되는데, 거절하면 마음이 편하지 않으니까 불편해지고, 그러다 보면 처음에는 즐겁게 만났다가 끝날 때는 서로 감정이 상해 있는 경우가 많았어요. 그런데 비폭력대화를 배우고 나서는 그런 문제가 없어졌어요. 기분 좋게 시작해서 기분 좋게 끝나요. 클라이언트가 요청을 안 한 것도 아니그 제가 거절을 안 한 것도 아닌데 말이죠.

지레짐작을 안 하게 되었군요.

클라이언트가 원하는 대로 해주면 안 된다고 말하는 사람들이 있어요. "왜 안돼? 10분도 안 걸리는데 잠깐 해주면 되잖아." 그러면 "계속 해 주면 버릇돼. 안 된다는 걸 가르쳐야 해"라고 말해요. 그러나 저는 클라이언트를 가르치려는 순간 일을 못 한다고 생각해요.

'가르치려는 사람에게 누가 일을 주나, 그냥 해달라는 대로 해 주면 돼지' 그런 생각이에요. 예전처럼 경쟁이 덜하거나 정보가 부족할 때와 다르게 요즘은 대체되기가 너무 쉬운 시대예요. 그래서 상대의 욕구대로 해요. 원래는 안 급했는데 갑자기 급해질 수도 있잖아요. 예컨대, 대표 확인을 받아야 하는데 대표가 출장 가서 언제 올지 모르는 상황일 수도 있는 거죠. 어쨌든 중요한 건 상대의 욕구라는 거예요, 그래서 제가 할 수 있으면 하고, 할 수 없으면 이유를 설명해요. 다른 일정이 있다거나 시간이 더 필요하다거나, 예산이 더 필요하다거나, 작업 자체가 불가능하다고요. 그 과정에서 서로 기분이 안 상하는 게 제일 중요하죠.

추가 요청을 받았을 경우, "얼마가 추가로 드는데 괜찮겠어요?"라고 말하는 것과 "무슨 얘기에요? 지금 이게 얼마짜리 프로젝트인데" 하는 건 완전 달라요. 후자일 경우 상대는 기분이 상하는 거죠. 그래서 저는 객관적인 얘기만 해요. 저에게 불필요한 긴장이 없으니까 상대방도 그렇게 안 느껴요. 그게 좋아진 점이에요. 비폭력대화를 배운 이후 상대가 뭘 원하는지에만 집중하니 감정적으로 긴장감이 생기는 경우가 없어졌어요.

제가 일할 때는 같이 작업하는 친구들도 많아요. 그런 관계에도 비폭력대화가 큰 도움이 돼요. 며칠 전 함께 작업하는 친구가 말하길, 사람들이 문제점 얘기는 많이 하는데 칭찬을 잘 못 하는 것 같다면서, 칭찬하는 연습을 해야겠다고 하더라고요. 그래서 칭찬보다는 고마움을 표시하는 게 좋다고 말했어요. 평가는 긍정적일지라도 의도와 상관없이 오해받기가 쉬워요. 그래서 저는 고마움을 표현하는 식으로 얘기해요. "잘했다, 대단하다, 최고다"라는 말보다 "꼼꼼하게 작업해줘서 고맙다", "감각적으로도 잘 해줘서 고맙다"고 구체적으로 고마움을 표시하는 거죠.

감사를 표현하면서 어떤 변화가 있었나요.

클라이언트 중에는 피드백을 꼼꼼하고 빠르게 해주는 분이 계세요. 그럴 때는 클라이언트에게 "빠르게 회신해 주셔서 고맙다, 잘 챙겨주셔서 즐겁게 촬영했다. 작업이 즐거웠다"고 고마움을 표현해요. 칭찬은 일종의 평가잖아요. 비용을 지불하고 일을 맡긴 클라이언트에게 칭찬은 적절하지 않은 거죠.

최근에 '감사'가 얼마나 중요한지를 아이들을 통해 알았어요. 둘째는 할머니, 할아버지를 너무 좋아해서 부모님댁에 가면 항상 그분들과 같이 자요. 그래서 이번 추석에 고향에 가면서 둘째에게 "우리가 할머니, 할아버지에게 연락을 자주 못 해서 죄송한데 네가 할머니, 할아버지를 너무 좋아하고 잠도 같이 자니까 아빠가 너무 고맙다"고 말을 했어요. 그게 좋았는지. 할머니하고 자러 갈 때 저한테 확인하는 거예요. "아빠가 나한테 고마운 거 맞지?" 그때 감사가 너무 잘 전달된다는 걸 알았어요.

저는 일을 하면서 특이한 경우가 많아요. 같이 일하는 담당자들은 대부분 30대 초반이에요. 그래서 처음에는 '누나'였다가, 어느 순간 '동갑'이 되고, 지금은 '동생'이 되었어요. 예전에 선배들이 그런 말을 했어요. 갈수록 담당자가 어려져서 일하기 어렵다고요. 자기네가 담당자를 어려워하는 게 아니라 담당자들이 자기들을 어려워해서 일할 기회가 점점 없어진다는 거죠. 그런 측면에서 비폭력대화가 도움이 많이 돼요. 비폭력대화에서는 20대 초반이든 80대 어르신이든 느낌과 욕구는 다 같기 때문에 똑같이 존중하잖아요.

그렇죠. 같이 작업했던 분들이 계속 연락하기도 하고 다른 거래처를 소개해 주기도 해요. 대개 담당자들은 자기보다 더 젊은 사람들과 일을 한다고 하는데, 저는 거의 모든 방향에서 일이 들어오는 편이에요. 제 영상 스타일이 각 잡고 찍는 영상이 아니라 유연한 영상 스타일이라 젊은 분들에게 맞는 것 같긴 한데, 아무리 스타일이 맞아도 일하는 과정에서 어르신을 모시고 일하기는 쉽지 않죠. 근데 비폭력대화에는 상하가 없고 기본적으로 모두를 존중하는 대화 방식이니 어느 쪽과도 잘 맞는 것 같아요. 클라이언트가 나이가 많든 적든 제 소통 방식은 똑같아요. 일하다 보면 고맙거나 미안하거나 둘 중 하나인데, 저는 미안하다는 말도 되게 잘해요. 물론 비폭력대화에서는 미안하다는 말의 뜻이 조금 다르지만, 현장에서 급한 불 끌 때는 사과가 제일 빠르죠.

부탁할 때도 비폭력대화의 도움을 받고 있어요. 지금 일은 많은데 회사 규모를 키우고 싶지 않아서 적은 인원으로 일을 하고 있어요. 그래서 여러 사람에게 부탁을 많이 하는데, 그럴 때도 항상 구체적으로 부탁을 하고 이유를 얘기해요. 이유를 얘기하고 안 하고는 큰 차이가 있어요. 예를 들어, 그날 시간 되면 거기 가서 촬영하라고 말하는 것과 그날 내가 일이 있어서 촬영이 어려운데 네가 해줄 수 있겠냐고 말하는 건 내용은 같지만, 상대 입장에서는 다르게 느끼죠. 즉, 지시를 받고 일하는 게 아니라 상대가 나를 돕는 거예요. 그래서 왜 요청을 하는지, 상대가 이걸 해줬을 때 나한테 어떤 도움이 되는지를 꼭 얘기해요.

클라이언트한테 요청받을 때도 그래요. 예를 들어 클라이언트가 "언제까지 해주세요"라고만 말하면 여러 가지 생각이 들어요. 물론 저는 비폭력대화로 훈련되었기 때문에 급한 일이 있나 보다 이해하지만, 피곤하고 예민한 상태에서 그런 연락을 받으면 순간적으로 기분이 안 좋아져요. 왜 급하게 해야 하는지 이유를 설명하지 않으면, '내가 그 정도로 가치 없다는 거야? 하라면 해야지, 이런 건가?' 싶어져요. 우리 분야는 표현이 폭력적이고 권위적인 경우가 꽤 많아서 저는 요청할 때 왜 이 부탁을 하는지를 꼭 얘기하려고 해요.

비폭력대화와 관련해서는 강의 영상뿐 아니라 다양한 상황별 영상을 많이 만들면 좋겠어요. 그런 생각을 한 건 NVC1을 듣고 난 후였어요. 김보경 선생님 수업이었는데 너무 재밌었어요. 책을 읽고 혼자 이해하는 것과 누군가 풀어서 설명해 주는 건 아주 달라요. 유튜브에는 비폭력대화에 대한 일차적인 정보만 설명하는 것들이 대부분이에요. 대화 모델 설명이 중요하지만, 이미 다 책에 나와 있는 것들이잖아요. 그런데 수업을 들어보니 다양한 사례가 있고, 또 내용을 잘 이해할 수 있게 설명하는 강사들만의 노하우가 있는 거 같았어요.

아직도 기억나는 게 욕구를 설명할 때였어요. 선생님이 참가자들에게 원하는 욕구를 얘기해 보라고 했는데, 남편이 일찍 들어왔으면 좋겠다, 애들이 공부 열심히 했으면 좋겠다, 이런 얘기들이 많았어요. 그 말을 듣고 선생님이 욕구 리스트에 남편이나 자식이 있는지 보라면서 설명을 하는데 너무 이해가 잘 되는 거예요. 이렇게 강사마다 설명 방식이 다를 테니, 강사별로 NVC1 수업을 녹화해도 전혀 다른 콘텐츠가 나올 것 같아요.

또 비폭력대화의 핵심내용을 정리해서 알려주는 영상도 좋을 거 같아요. 예컨대, 어떤 사람이 무조건 나를 좋아할 수 있는데, 저는 그게 하나도 부담이 안 돼요. 어차피 제가 할 수 있는 건 정해져 있기 때문이에요. 비폭력대화 방식으로 얘기하면, 그분들이 저를 좋아한다면, 그분들이 원하는 가치에 제가 하는 일이 도움이 되기 때문이에요. 반대로 제가 하는 방식을 싫어하는 사람은 저를 싫어할 거예요. 그들이 연락 안 하는 게 나 때문이라고 생각하면 너무 힘들어요. 그냥 그들이 추구하는 가치와 욕구에 내가 하는 작업이 부합하지 않기 때문이라고 생각하면 깊이 생각할 문제는 아닌 거죠.

맞아요. 그래서 제가 처음 영상작업할 때 그런 영상을 만들려고 배우를 고용해서 강사가 하는 말에 계속 딴지를 걸라고 요청했어요. 비폭력대화 책에서 말하는 게 실제 작동이 될까, 의문이 있었거든요. 그런데 강사가 말하면 배우들이 딴지를 안 걸고 고개를 끄덕이는 거예요. 쉬는 시간마다 딴지를 걸고 삐딱하게 나가라고 계속 말을 했는데도 강사님들에게 끌려가더라고요. 이런 것도 영상으로 만들 수 있는 거죠.

제가 책에서 읽은 사례가 있어요. 어떤 사람이 회사를 그만두고 싶다는 동료의 불만을 십 년째 매일 아침 듣고 있는데, 회사 일보다 동료 얘기 듣는 게 너무 힘들다고 했어요. 그랬더니 상담 선생님 말씀이, 누군가가 얘기를 반복적으로 하는 거는 핵심 욕구를 공감받지 못해서 그런 거다, 핵심 욕구를 공감해주면 끝난다고 얘기를 했어요. 그 말을 듣고 동료를 공감했더니 불만이 딱 멈췄다는 내용이었어요. 그걸 읽으면서 '말도 안 돼, 사람이 얼마나 복잡한데 그런다고 갑자기 멈춰', 그랬는데 앞에서 얘기했듯이 점 세 개가 느낌표 세 개로 바뀌는 일이 저한테 벌어진 거예요. 그때 제가 공감을 할 수 있었던 건 책에서 읽은 그 에피소드와 강사의 이야기가 생각났기 때문이에요. "누군가 말을 반복하는 건 핵심 욕구를 공감받지 못했기 때문이다"라는 걸 기억했기 때문에 실제 상황에서 공감을 시도해볼 수 있었고, 공감하니까 되는 걸 본 거예요. 지금 생각해도 놀라워요.

가족과의 대화는 어때요.

아내와의 대화에서 힘든 건 별로 없어요. 가끔 제가 폭력적으로 얘기할 때도 있지만, 중요한 결정, 자칫하면 긴장이 생길 수 있는 상황일 때는 비폭력대화를 해요. 아이들은 각각 초등학교 3학년, 4학년인데, 제가 신경 써서 대화하고 가끔 말하는 방법을 고쳐줘요. 예를 들어 둘째가 "언니가 이거 하고 싶대" 그러면 "네가 하고 싶은 거를 얘기해"라고 해요. 또 "이거 너무 좋지 않아?"라고 돌려 말하면 "네가 갖고 싶은 이유를 명확하게 얘기해. 사줄 수 있으면 사줄게"라고 말해요. 그래서 요즘은 원하는 것과 이유를 분명하게 얘기해요.

비폭력대화를 배우고 나서 일이 잘 풀린다는 말을 들으면 기쁘고 신납니다. 이종철 감독님도 비폭력대화를 배우고 나서 일이 많아져 잠을 못 잘 정도라니 너무 반갑습니다. 그런 분이 마음을 내어 비폭력대화를 영상으로 만드는 작업을 도와주고 계십니다. 감독님의 영상을 통해 비폭력대화가 좀 더 널리 퍼지고, 워크숍에 직접 참여하기 어려운 분들에게 배움의 다리가 될 수 있기를 바랍니다.

5

비폭력대화에서 직원 소통 교육의
해답을 발견한 기업교육 담당자

—

허성

2024년 1월 경주에서 열린 IIT(국제심화교육)에서 허성 님(삼성물산 리조트부문 인재개발파트장)을 만났습니다. 워크숍 내내 '임프라브(Improv)'라는 즉흥연기 무대를 열어 폭발적 인기를 끌었던 분이지요. 같은 조원이라 많은 이야기를 나누게 되었는데, 에버랜드의 직원 정규교육 프로그램으로 1년간 비폭력대화 교육을 추진했다는 이야기를 듣고 꼭 찾아가서 이야기를 듣고 싶었습니다. 그리고 6개월 후 용인의 에버랜드를 찾았습니다.

저는 공대에서 안전공학을 전공했어요. 성수대교가 무너지는 걸 보면서 건축공학과에 들어가고 싶었는데 당시 건축공학과 점수가 엄청 높았어요. 점수에 맞추다 보니 건축공학과 대신 안전공학과에 들어갔는데, 재미가 없어서 광고동아리에 들어가 공모전 활동을 많이 했어요. 그러다 운 좋게 몇 번 상을 받았고, 그 덕에 에버랜드에 입사할 수 있었어요.

입사해서는 홍보, 인사 업무를 같이 하는 팀에 있었는데, 교육이 저랑 잘 맞았어요. 그러다 교육을 좀 더 공부하고 싶다는 생각이 들었어요. 마침 부서장께서 대학원 진학을 권유해주셔서 인적자원개발(HRD) 전공으로 대학원에 들어갔어요. 대리 시절이라 정신없이 바쁠 때였는데, 공부가 제 가치와 잘 맞아서 너무 좋았어요. 거기서 제 세상이 많이 넓어졌어요. 딱 10년 전이네요. 신기하게도 학부 졸업 10년 후 석사과정에 들어갔고, 석사 졸업 10년 만인 올해 또 용기를 내어 코칭 전공 박사과정에 들어가 새로운 도전을 하고 있어요.

대학원 동기가 10명이었는데 컨설턴트도 있고 강사도 있고 저처럼 기업교육 담당자도 있었어요. 당시 대학원 안에는 HRD^{Human Resource Development} 트렌드를 공부하는 스터디 모임이 있었어요. 그 모임 회원인 서울시청 공무원 한 분이 '비폭력대화' 책을 소개해 주셨어요. 책 제목에 끌려서 바로 책을 사서 읽었는데, 그게 비폭력대화를 접한 계기였어요.

에버랜드가 하는 서비스의 본질은 소통이에요. 직원들끼리의 소통도 중요하고 고객과의 소통도 중요하죠. 고객 응대, 고객 불만 대응 같은 감정노동도 결국은 소통이기 때문에 직원들에게 도움이 될 만한 교육을 많이 찾아다녔어요. 대한민국에 있는 소통 교육은 닥치는 대로 찾아다녔죠. 그 해답으로 발견한 것이 비폭력대화였어요. 무엇보다 머리로 이해가 잘 되더라고요. 대부분의 소통 교육은 강사 본인의 경험을 재미 위주의 '썰'로 푸는 경우가 많은데, 비폭력대화는 명확한 대화 모델이 있고 그 프로세스가 확실하게 이해되었어요.

정식 직원교육으로 비폭력대화를 추진한 건 언제였나요.

비폭력대화 책을 읽은 후 바로 교육을 신청했어요. 선릉센터에서 저녁에 하는 교육이었어요. 교육을 받으니 더더욱 확신이 생겼어요. '이거 우리 회사에 잘 맞겠다', '내가 진짜로 원했던 교육이다', '이 교육을 사내에 전파해야겠다'라고 마음을 먹었죠.. 그때 마침 새로 오신 CEO께서 우리 회사의 중요 가치가 '공감'이라고 말씀하셔서 비폭력대화를 소개해 드린 후, 당시 교육원 대표셨던 이윤정 선생님에게 임원교육을 부탁드렸어요. 그 후 탄력을 받아서 NVC1 과정을 정규과정으로 편성해서 직원교육을 진행하게 되었어요.

2018년 10월부터 2019년 12월까지 1차수당 6주씩 총 6차를 진행했어요. 일주일에 3시간씩 6주간 18시간을 교육하고 정식 수료증까지 주었어요. 한 클래스당 인원은 최소 15명에서 20명으로 총 100명이 넘는 직원이 교육을 받았는데, 동일 부서에서 3인 이상 신청 불가 조건을 넣었고, 유튜브 소개 영상을 함께 보내서 필요한 분들이 신청하실 수 있도록 했어요.

한 클래스 정원 15명 중 2/3는 자발적으로 왔고, 1/3은 말로 상처를 주는 간부급 직원 중 부서장 권유로 온 분들이었어요. 비자발적으로 온 분들도 막상 수업에서는 너무 좋아하셨죠. 다만 클래스마다 15명을 채우는 게 쉽지 않아서 거의 일대일로 소위 '영업'을 했어요. 부서마다 돌면서 한 명씩 보내달라고 부탁을 한 거죠.

그런 분들은 직장보다는 배우자나 자녀와의 갈등이 많더라고요. 직원 평균연령이 40대가 넘다 보니 중학생 이상 자녀들이 많았는데, 소통이 잘 안 돼서 가족 간에 대화를 잘하고 싶다는 욕구가 많았어요. 또 저희 회사에는 20대 초반 아르바이트 직원이 많은데, 40대 이상의 정규직 관리자들이 세대 차이로 이들과 소통이 어렵다면서, 소통을 잘 하고 싶은 욕구가 있었어요.

교육에서는 강사의 역할이 중요한 거 같아요. 강사님이 참 대단한 게 위트가 있고 공감 능력도 탁월해서 짧은 시간에 교육 공간을 안전한 장으로 만들어주시더라구요. 말하는 거 좋아하는 사람도 있지만, 비자발적으로 온 사람들은 자기 얘기를 잘 안 했거든요. 그런데 강사님 이야기를 듣다 보니 공감이 된다고 하시는 거예요. 비폭력대화 교육에서는 자기 얘기를 잘할 수 있도록 안전한 장을 만들어주고 참여를 유도하는 강사의 능력이 무엇보다 중요한 것 같아요. 또 저희 회사에는 남성이 많은데, 강사님이 대한민국 중장년 남성에 대한 연민이 기본적으로 있었고, 이런 조직에 비폭력대화가 전파됐으면 좋겠다는 사명감도 있어서 우리 회사와 잘 맞았던 것 같아요.

성공사례기법Success Case Method으로 결과를 보고하기 위해서 한 달 후 설문조사를 진행했는데, 만족도가 5점 만점에 4.9점이 나왔어요. 기업교육에서 그렇게 높은 점수가 나오는 건 쉽지 않지요. 현업 적용 사례도 정리했어요. 지속적으로 교육을 진행해야 한다고 보고하기 위해서 부탁을 했는데 성공적인 적용사례를 많이 보내주셔서 너무 감사했어요. 물론 배운 게 머리로는 이해되는데 현실에서는 실천이 잘 안 된다는 피드백도 많았어요. 실제로 잘 쓰기 위해서는 연습을 많이 해야 하니까요.

비폭력대화의 현업적용 사례

○ 선입견보다는 '있는 그대로 관찰'하고, 달고 있는 사실이라도 구체적으로 질문하게 되었다.

○ 비난이 아니라 사실 중심으로 말하니 부서 분위기가 바뀌었다.

○ 비난이나 지적이 아니라 비폭력대화법으로 말하니 상대의 말도 달라지고 서로 이해하는 대화가 되었다.

○ 자녀에게 관찰로 이야기를 시작하니 엄마가 화내지 않아서 너무 행복하다고 아이가 말했다.

○ 회의 도중 상대의 비판을 공격으로 받지 않을 수 있게 되었다.

○ 상대의 자칼말을 공감하려고 노력하게 되었다.

○ 내 욕구를 분명히 하고, 상대의 욕구도 발견하려고 노력하게 되었다.

○ 전에는 돌려 말하면서 정확하게 표현하지 못했으나 이후 욕구를 분명히 말하게 되어 업무에 도움이 되었다.

○ 돌직구 화법에 상처받은 사람들이 많았는데 교육 후 생각하고 말하게 되고

나 자신을 돌아보게 되었다.

○ 상사의 비난에 대해 불편하다고 표현해서 사과를 받고 감정싸움으로 번지지 않았다.

○ 이전에는 남편과 자칼식 대화를 하였으나 교육 후 감정을 솔직하게 말해서 불편한 감정이 남지 않았다. '가정불화 → 회사에서의 짜증 → 집에서 더 짜증'을 내는 악순환의 고리를 끊었다.

○ 고객상담에 크게 도움이 되었다. 고객에게 반말하면 불편하다고 표현하니 서로 마음이 덜 상하고 경찰 호출 빈도도 상당히 줄어들었다. 상대의 욕구에 공감하면서 사과보다는 개선에 초점을 두고 대화하였고, 상담이 성공적으로 끝나지 못해도 자기공감과 향후 개선점을 생각하며 상처받는 일이 줄어들게 되었다.

○ 화가 나는 상황에서 한 번 더 생각하게 되었다.

○ 지시를 욕구에 기반한 부탁으로 바꾸어서 말하니 덜 어려워하고 질문도 많이 해서 관계가 원활해졌다.

○ 해결방법을 제시하기보다 먼저 공감하고 함께 고민하는 방향으로 대화를 진행하게 되었다.

○ 상대의 말을 끝까지 경청하고 의견을 내니 회의가 매끄럽게 진행되고 좋은 해결방안을 도출하게 되었다.

○ 직원들에 대한 진정성 있는 마음과 그 마음을 상대에게 보여주고 상대를 수용하는 것이 중요하다는 것을 깨달았다.

○ 어떤 일에 화가 날 경우, 나의 느낌과 욕구를 생각해보는 시간을 갖게 되었다.

○ 사내 갈등 발생 시 자신의 마음관리에 도움이 되었다.

○ 갈등직원 면담 시, 전에는 충고와 조언을 주로 하였으나, 이후에는 경청과 공

감을 통해 면담 시간도 길어지고 면담 후 직원들의 표정도 한결 밝아졌다.

교육을 추진하면서 가장 기억에 남는 일은 어떤 거예요.

서비스업이 감정노동이라 스트레스가 많아서인지 가정불화 사례가 많았어요. 참여자 중 한 분은 교육을 시작할 당시 3개월 동안 배우자와 냉전 상태였어요. 서로 투명인간처럼 살았는데 비폭력대화 교육을 받고 나서 대화를 다시 시작했다는 피드백을 들었어요. 그럴 때 가장 보람을 느끼죠. 교육 만족도가 워낙 좋아서 NVC2도 열어달라는 요청이 있었어요.

회사에서 받은 교육에는 어떤 것들이 있나요.

맨 처음 접한 건 명상이고 그다음에는 내 안의 느낌을 찾아보는 감수성 훈련이었는데 쉽지 않더라고요. 감수성 훈련은 프로그램화된 게 아니라 집단상담 같은 느낌이었어요. 그다음에 비폭력대화를 들었어요. 책을 먼저 읽어보니 비폭력대화 프로세스가 있어서 이해하는 데 도움이 되었죠.

비폭력대화법 중 제가 일하면서 제일 많이 쓰는 것은 연결부탁

인 것 같아요. 후배 직원의 업무보고를 받으면 "내 생각은 이런데, ○○○프로 생각은 어때?"라고 말이죠. 비폭력대화 교육은 작년에 중재 과정까지 들었고, 같이 수업을 들은 동기들과 온라인 연습모임을 계속 이어가고 있어요. 라이프 과정[*]도 하고 싶은데 올해 박사과정에 들어가서 좀 미루고 있어요. 이후에 꼭 해보려고 해요. 저는 일단 협력 강사까지 하는 게 목표입니다. 강사가 되어 회사에 비폭력대화를 전파한다면 너무 보람될 것 같아요. 비폭력대화 다음에는 코칭 교육을 듣고 코치가 되었어요. '코치로서의 리더Leader as Coach'라는 사명으로 코칭문화를 사내에 뿌리내리는 데 일조하고 싶어요.

코칭 박사과정은 어떤가요.

힘들어요. 석사과정 때도 힘들었죠. 그래도 지나 보니 그때 하기를 참 잘했다 싶어요. 그런 어려운 과정을 통해서 다양한 사람들과 연결이 많이 됐고 여러 가지를 알게 되었어요. 회사밖에 모르다가 저의 세상이 되게 커진 거죠. 또 비폭력대화와 코칭을 배우기 전에는 유리 멘탈이라 상사의 질책이 무섭고 조직생활이 어려웠는데

---

[*] 삶의 깊은 주제들을 다루며 NVC를 삶에 체화하고 공동체 안에서 함께 성장해가는 한국비폭력대화교육원의 1년 교육과정이다.

지금은 많이 편안해졌어요. 제가 좋아지니까 제가 배운 걸 주변에도 전파하고 싶고, 더 좋은 영향력을 발휘하고 싶어요. 우선은 저희 부서나 회사부터 그렇게 해보고 싶어요. 코칭은 비폭력대화 철학과도 아주 잘 맞아요.

가장 힘들었던 건 회사에서 새로 인수한 골프장에 파견 갔을 때였어요. 200명의 직원과 200명의 캐디가 근무하는 큰 골프장이었는데 제가 인수팀의 인사담당이었고 노사관리도 담당했는데 고용승계에 대한 직원들의 불안과 걱정이 많았어요. 저의 미션은 직원들을 안심시키면서 노사안정을 이끌어 내는 것이었어요. 그때 노동조합과 임금협상이 잘 되지 않아 3개월 동안 급여 인상분이 지급되지 못한 적이 있는데 잠이 안 올 정도로 스트레스가 심했어요. 제가 협상을 제대로 이끌지 못해서 그런 것 같다는 책임감이 컸죠. 막판에 노조위원장을 찾아가서 세 시간 넘게 대화를 했는데, 어느 순간 진정성 있게 연결되는 순간이 있었어요. 그 순간 바로 대표님을 찾아가서 도장 받고 협상을 마무리했어요. 그러고 나서야 두 발 뻗고 꿀잠을 잤어요. 그때 스트레스로 탈모가 생겨 아직도 회복이 안 되고 있지만, 비폭력대화를 통해 서로 연결된, 빛나는 순간이라 결코 잊을 수 없어요.

관심 있는 곳이 많아요. 교육 담당자들은 매년 새로운 콘텐츠를 발굴하고 싶어 해요. 매년 똑같은 걸 할 수는 없거든요. 그래서 요즘 뭐가 좋은지, 새로운 이슈가 뭔지 파악하는데, 요즘 가장 큰 이슈는 소통이에요. 소통이 관계의 질을 결정하는 데 가장 중요한 역할을 하기 때문에 소통을 잘하는 것이야말로 결국 좋은 팀웍과 성과를 만든다는 데 이견이 없을 거예요.

기업에서 비폭력대화의 가능성은 아주 파워풀하다고 생각해요. 예전에는 '나를 따르라' 식의 카리스마적인 리더가 많았고, 다소 억압적이고 폭력적이라도 성과만 내면 괜찮았죠. 하지만 지금은 그런 시대가 아니기 때문에 비폭력대화의 수요가 커진 것 같아요. 저희 회사에 신입사원이 들어오면 제가 비폭력대화 강의를 해요. 비폭력대화를 보다 널리 알릴 수 있게 많은 사람에게 문을 열어줄 필요가 있다고 생각해요.

두 시간 넘는 대화도 그랬지만, 집에 돌아와 허성 님이 주신 교육 피드백 자료를 읽어보고는 자신의 일에 대한 열정, 비폭력대화에 대한 열정에 깊이 감동했습니다. 교육 담당자로서 자신이 진행한 교육에 대한 열정이 있어야만 만들 수 있는 자료라는 생각이 들었습니다. 내어주신 시간과 마음에 깊이 감사드립니다. 허성 님을 통해 비폭력대화가 에버랜드에 전파되고, 고객과 직원 모두에게 행복하고 즐거운 공간이 되길 기대합니다.

2부

방송으로 대화의 가치를 전하는
라디오 피디

—

이진희

2023년 말 한국비폭력대화 교육원 대표가 된 후, KBS 라디오 피디가 비폭력

대화를 배우고 책*을 냈다는 사실을 알게 되었습니다. 만나보고 싶어서 메일

을 보냈더니 2024년 1월 열리는 국제심화교육에 참여한다고 했습니다. 이진

희 님(KBS 라디오 피디)은 워크숍 내내 정말 열정적으로 프로그램에 참여하셨습

---

* 《사실은 이렇게 말하고 싶었어요》, 이진희 지음, 마일스톤, 2022.

니다. 이후 비폭력대화를 확산할 아이디어를 발굴하는 홍보팀을 만들었을 때
도 함께했습니다.

2016년에 '대화만점'이라는 팟캐스트를 기획하면서 각종 대화법
을 찾아보았는데, 비폭력대화가 '대화법 중의 대화법'이라는 생각이
들어서 한국비폭력대화센터에 연락을 했어요.

화법, 화술, 스피치 등에 대한 책을 많이 찾아보았고, 방송국에서
일하면서 그 분야에 대해 강의하는 동료들을 접하기도 했고요. 제
가 직접 대화법 프로그램을 제작하게 될 줄은 몰랐는데, 일하다 보
니 필요해서 만들게 되었어요. 피디로서 프로그램을 제작하려면 디
렉팅을 해야 하는데, 청취자 입장에서 들었을 때 불편하면 불편한
걸로 끝나면 안 돼요. '이렇게 해보면 어때요?' 하는 대안이 있어야
되는 거죠. 그런데 주변에 물어보니 대화법을 제대로 배운 사람이
거의 없었어요. 대부분 '감' 혹은 '운'에 따르고 있더라고요. 마음이
따뜻하고 공감을 잘하는 사람이 DJ가 되면 개인 역량에 따라 따뜻
한 프로그램이 되고, 그렇지 않은 사람이 DJ가 되면 공감이 개입되

지 않는 구성을 짜게 되는 거죠. 제가 이 일을 오래 하려면 한 번은 제대로 탐구해 봐야겠다는 마음이 있었어요. 그래야 프로그램 완성도가 높아지고 저도 후회가 남지 않을 거 같았어요.

팟캐스트 제작을 시작하니까 이윤정 선생님이 워크숍을 하자고 제안하셨어요. 그래서 당시 신촌센터에 스태프들이 모여서 강의를 듣고 실습을 했고, 이후에는 청취자들이 보내주는 사연에 맞춰서 NVC1, 2, 3에 있는 내용을 대중적으로 풀어서 연습했어요. 그렇게 2016년부터 2018년까지 세 시즌을 했는데, 저는 좀 더 깊이 배워야겠다는 마음이 들어서 그 기간 동안 NVC2와 NVC3, 중재 과정까지 수강했어요.

작가님 한 분과 진행자가 NVC1을 들었어요. 저는 당시 신혼이었는데 남편도 NVC1을 듣고, 한참 뒤에 NVC2, NVC3, 라이프와 기린 부모학교를 수료했어요.

남편이 스스로 선택했어요. 부부 싸움할 때 제가 화를 안 내면서 하고 싶은 말 다 하고, 남편이 화낼 때 공감으로 들어주니까 맨날 자기만 나쁜 놈 되는 거 같아서 약이 올랐나 봐요. 한참 뒤에 스스로 NVC2, 3을 듣더라고요. 그리고 아이들이 태어난 후 애들한테 자꾸 화를 내니까 안 되겠다면서 2023년에 라이프를 들었어요. 저는 아이들 낳고 몇 년간 옴짝달싹 못 하다가 2022년에 라이프를 들었고요.

보통은 NVC1으로 충분하다고 생각하는 것 같아요. 그 안에 관찰, 느낌, 욕구, 부탁, 공감이 다 들어있으니까요. 그런데 NVC2, NVC3는 NVC1과 다른 차원이었어요. 중재와 라이프도 마찬가지였고요.

신입 아나운서 대상 비폭력대화 교육을 5년 넘게 하고 있어요. 신입사원이 대상이지만 아나운서실 전체에 열려 있어서 선배들도 청강하러 오세요. 오히려 신입 아나운서보다 질문이 깊고 넓어요. 경험이 많으니까 궁금한 게 많은 거죠. "다 좋은데, 현실은 이렇다" 면서 고민거리를 던져 주시기도 해요. 이 교육이 저에게는 배움이자 선물이에요. 제 강의를 들은 분이 특강을 요청하셔서 이화여대에도 7년째 가고 있어요. 노트북 펴놓고 귀로만 듣는 학생도 있지만, 일부는 굉장히 관심을 보여요. 중국 학생이 점점 늘어나는데, 제가 중국어를 조금 할 줄 알아서 중국어로도 간단히 소개해요. "중국에도 비폭력대화 트레이너가 있으니 돌아가서도 이어서 공부할 수 있다, 도움이 될 거다"라고 얘기하면 중국 학생들 눈이 번쩍 뜨여요. 중국인 학생들끼리 별도 활동을 할 수 있게 돕기도 하는데 그것도 보람이 있죠.

오래전부터 제가 몸담은 팀에선 비폭력대화에 기반해 일하려고 노력해 왔어요. 예민한 대화를 할 경우 수직적으로 접근하거나 외부에 책임을 돌리기보다 "이렇다는 거죠?"라고 공감하고, "근데 제 상황은 이래요. 모두가 만족할 수 있는 방법은 뭐가 있을까요?"라고 물으면서 함께 제3의 안을 만들어 나가요. 이런 대화를 나누고 나면 스태프나 동료들이 "따로 뭐 하세요?"라고 물어봐요. 그러면 자연스럽게 비폭력대화를 소개하고 미니워크숍을 하기도 하죠. 의사소통을 이렇게 하면 좋겠고 청취자들을 이렇게 바라보면 좋겠다는 이야기를 나누면 확실히 변화가 생겨요. 방송국이 수직적이기 쉬운데 수평적으로 일을 하니까 한 명 한 명이 스스로 선택해서 열심히 일하고, 프로그램도 더 잘 되는 경험을 하고 있어요.

제가 책을 출간한 후에 북토크를 많이 했어요. 북토크에서는 가족 대화에 대한 질문이 주로 들어오고, 후속 강의 요청도 가족 대화로 들어와요. 북토크는 듣는 분들이 다양하니까 일반적인 이야기를 하게 되는데, 가족 대화로 초점이 맞춰지면 강의가 조금 더 단단해지죠. 그리고 강의를 들은 그룹이 소규모 코칭을 요청하면 내용과 활동이 더 구체화돼요. 이렇게 세 단계 흐름이 만들어지는데, 마지막 7~8명 정도의 코칭 형태가 가장 효능감이 있어요.

다양해요. 20년 동안 대중음악, 클래식, 시사 프로그램을 두루두루 만들었어요. 요즘 업무는 라디오 프로그램을 디지털로 확장하고, 매체 전략을 짜는 거예요. 유튜브 기반의 콘텐츠도 직접 만들고 있어요. 제작 환경이 계속 바뀌다 보니 손을 떼면 감을 잃겠더라고요. 지금 만드는 프로그램 제목은 '가지가지 연습실'이에요. 지금 AI가 사람들의 삶에 많은 영향을 주고 있잖아요. 저 역시 AI를 제작에 활용할 방법을 고민하고 있는데 한편으로는 걱정이 되더라고요. AI는 점점 고도화되는 반면, 정작 사람들은 사람답게 살기 위한 필수 기술을 잃어가고 있는 것 같아서요. 어떤 것이 우리 삶에 필요한 기술인가 떠올려보니 인사, 사과, 거절 등 온갖 것이 것이 떠오르더라고요. 이걸 연습하는 프로그램을 만들겠다고 하니까 주변에서 "가지가지 한다"고 농담을 하셔서 바로 제목에 차용했어요.

제가 고른 첫 번째 기술은 ‘듣기’에요. 전반부에서는 기술적인 듣기를 연습하는데, 상대의 얘기를 한 문장으로 줄여본다든지, 묘사를 듣고 그림을 그려본다든지 하는 거예요. 제작 전에 아이들과 직접 해보면서 효과를 검증했어요. 2020년쯤부터 EBS에서 문해력을 굉장히 많이 다뤘는데, 아이들을 키우다 보니 문해력의 기저에는 ‘듣기’가 있더라고요. 집중해서 듣고 이해할 줄 알아야 단어에 대한 개념이 잡히고, 문자의 형태로 눈앞에 있을 때 읽고 이해하는 게 가능하니까요. 그런데 지금 언어습득 단계에서 듣기와 말하기를 도외시하고 있어요. 예전에는 다양한 가족 구성원들 안에서 자연스럽게 말하기와 듣기가 이루어졌지만, 요즘은 엄마로 대표되는 한 사람이 양육을 전담하고 그나마도 미디어 기기 때문에 양육자와 아이의 상호작용이 굉장히 줄어들었어요. 그래서 아이들의 언어 환경이 너무 척박해졌고, 듣고 체득하는 단어 자체가 너무 적어졌어요. 생애 초기부터 상호작용을 통해 다양하게 듣고 말하려는 시도를 존중받아야 문해력도 싹튼다고 생각해요. 이 가설을 가지고 서울대 아동가족학과 최나야 교수님을 만났는데 교수님도 100% 동의하시면서 전반부 에피소드를 가이드해 주셨어요.

비폭력대화에서 강조하는 '솔직하게 말하기'와 '공감으로 듣기'와도 연결되네요.

맞아요. 후반부에서는 공감하며 듣기를 연습하려고 해요. 사람들이 제대로 의사소통하려면 기술적으로 잘 듣는 건 물론이고 상대의 얘기 속에 어떤 욕구가 있고 느낌은 어떤지, 그 말을 듣고 나는 어떤지를 알아야 해요. 이게 바로 비폭력대화잖아요. 공감하며 듣기 연습은 연세대 권수영 교수님과 함께할 예정인데, 사전 미팅하면서 비폭력대화를 공부하고 있다고 말씀드렸더니 교수님도 잘 알고 계시더라고요. 비폭력대화를 잘 아는 전문가와 함께할 후반부 제작이 무척 기대가 돼요.

요즘 육아 컨설팅 프로그램이 많은데, 오은영 선생님의 '금쪽이'는 어떻게 보시나요.

자가점검 삼아 자주 보죠. 대부분의 솔루션이 대화법으로 귀결되는 게 흥미로워요. 오은영 선생님은 《어떻게 말해줘야 할까》라는 책도 쓰셨잖아요. 그분의 말을 녹음한 것을 '금쪽이' 출연자들이 듣고 연습하기도 하는데, 그만큼 육아에서 대화가 중요하다는 뜻이겠죠. 근데 이따금 불편하기도 해요. 사람들은 자신만의 역사와 톤이 있는데, 특정 말투를 따라 하는 게 맞나 싶어요. 가령, 사투리 쓰는 할머니에게 말투를 고치라고 해서 할머니가 연습을 하는데 옆에서 보던 할아버지가 "역시 당신은 말투가 문제"라면서 구박을 하더라고요. 방송을 흥미롭게 하기 위한 연출이란 걸 알지만, 연결의 의도만 있다면 할머니의 말투가 근본 문제는 아니라고 생각해요. 그리고 할머니를 닦달만 할 게 아니라 할머니의 삶을 공감해 드리고 에너지를 불어넣어야 변화가 가능하다고 봐요. 육아 컨설팅 프로그램에 나오는 대부분의 양육자도 마찬가지 아닐까요? 원인 분석과 해결책보다는 지원과 공감이 먼저 필요하다고 생각해요.

2018년이었어요. 결혼한 지 한두 해 되었을 때였죠. 아이가 생기면 낳아야지 했는데 안 생기더라구요. 그다지 절실하지 않아서 그냥 서로 돌보며 재밌게 살고 있었는데, 조금씩 마음에 부채 의식 같은 게 생기기 시작했어요. 그러던 차에 제주에서 열리는 패밀리캠프 소식을 들었어요. 무거운 마음도 덜 겸 가서 우리가 가진 능력으로 열심히 봉사했어요. 캠프가 3박 4일이었는데 놀랍게도 가족들이 치유되는 게 눈에 보였어요. 일단 아이들이 너무 놀라웠어요. 아이를 낳으면 처음부터 끝까지 부모가 돌봐야 한다고 생각했고, 우리가 그럴 깜냥이 되겠냐는 두려움이 있었거든요. 그런데 아이들을 보면서 아이들은 이미 훌륭하다, 어른들만 잘하면 되겠구나 싶었어요.

그래서 우리도 할 수 있지 않을까 하는 희망이 생겼어요. 부모가 엄청나게 희생하고 대단한 것을 해야 한다고 막연하게 생각했던 저희한테 패밀리캠프는 큰 깨달음의 시간이었어요.

그다음 해 8월에 쌍둥이를 낳았어요. 우스갯소리로 저희 아이들은 100% NVC 패밀리캠프 때문에 낳은 거니까 NVC센터가 책임져야 한다고 얘기해요. 그리고 저희 경험이 아이 낳기를 고민하는 사람들에게 전환의 기회가 될 거라 믿어요. 아이들을 키우면서 자주 경험하는 게 있는데, 외출하면 모르는 사람들이 말을 걸어요. 얼마 전 석촌호수에서도 아이들과 포켓몬을 잡고 있는데 옆에 있던 커플이 20분 가까이 저희를 지켜보더라구요. 그리고는 제가 커피 사러 다녀온 사이에 남편에게 묻더래요. "실례지만 좋은 아빠처럼 보여서 그런데 어떻게 그렇게 하세요? 처음부터 아빠 역할을 잘하셨나요?"

하지만 저희는 좋은 부모 감이 단연코 아니었어요. 저희 부모님들이 엄청나게 정서적으로 지지해 주시는 분들도 아니었고요. 그런데 비폭력대화를 배우면서 성장해서 부모가 되기로 결심했고, 아이를 낳은 이후에도 계속해서 공부하고 노력하니까 지금은 주변 사람들이 알아 줄 정도가 되었어요. 저희 스스로도 육아 효능감이 높아요. 무엇보다 아이들이 표현해 줘요 "나는 다시 태어나도 엄마 아빠 아이로 태어나고 싶어"라고 하고, 한 아이는 "엄마, 내 아이로 다시 태어나면 안 돼?"라고 했어요. 처음엔 무슨 말인지 못 알아듣고 "네 아이는 엄마 손주인데 내가 그 아이가 되라고?" 되물으니, "내가 아빠가 돼서 엄마를 사랑해 주고 싶어." 이러더라고요. 자기가 받은 사랑을 부모가 돼서 저에게 다시 주고 싶다니, 이보다 더 큰 사랑이 어디있을까 싶어요.

양육하는 젊은 부모들에게는 귀가 솔깃한 내용이네요.

이런 이야기를 적극적으로 나누고 싶어요. 한국에서는 양육자가 목소리를 내려면 '서울대 의대 합격', '몇 개 외국어 능통'과 같은 성취가 있어야 하는 분위기인데, 저희는 결과가 아닌 과정으로서의 양육을 이야기하고 싶어요. 힘들긴 하지만 충만하고, 풍요롭고, 아이들만큼이나 양육자가 성장하는 일상의 장면들을 나누고 싶어요. 애초에 저희 양육의 목표는 입시나 성과가 아니라 자신과 세상을 사랑할 줄 아는 아이로 키우는 거예요.

피디님이 보시기에 요즘 젊은이들은 왜 아이를 낳기 두려워할까요.

각자의 사정이 있겠죠. 낳지 않겠다는 결정에 어느 정도 동의도 하고요. 이런 이야기를 들었어요. 부부 모두 연봉이 1억 이상이고, 수도권의 30평대 자가 아파트에 살고, 조부모들도 수도권에 계셔서 주말에 아이를 맡길 수 있는 정도여야 애를 낳을 수 있다고요. 그래서 '나는 그런 조건을 못 갖췄으니까 안 낳는 게 나아!'라고 생각한다는 거죠. 그러나 이런 조건을 갖추지 않아도 아이를 낳아서 키울 수 있고, 양육은 아이와 양육자가 함께 성장하는 시간이라는 관점이 새로운 표준이 되면 좋겠어요. 아이를 낳지 않으려는 데에는 '금쪽이'나 '결혼지옥' 같은 프로그램도 영향을 주는 것 같아요. 그래서 저는 행복하고 재미있는 양육의 풍경을 보여주고 싶어요. '애들은 귀엽다'는 메시지만으로 프로그램이 끝나지 않았으면 좋겠어요. 귀여움만으로는 양육을 지속할 수 없어요. 한 번 뿐인 인생인데 저희는 아이들 덕분에 다시 인생을 살고 있어요. 진짜 중요한 것들을 되돌아보면서 삶 자체가 농밀해지는 게 느껴져요. 육아는 양육자인 내 자신이 성장하면서, 깊은 사랑과의 연결을 경험할 수 있는 너무나 소중한 기회예요.

좋은 말씀이네요. 피디님이 신혼부부나 예비부모 교육을 하시면 정말 좋을 거 같아요.

자리만 마련되면 남편과 같이하고 싶어요. 엄마표로 표현되는 '엄마=주 양육자'라는 문화도 깨고 싶고, 양육 현업자로서의 강점도 발휘하고 싶어요. 부모교육을 하는 분들이 대부분 자녀가 성인이라서 현재 양육자들이 당면한 문제는 와닿지 않으실 것 같아요. 요즘 양육 현안은 영어유치원이 어떤지, 휴대전화를 어떻게 해야 할지, 유튜브를 언제 어떻게 보여줄지 등 예전과 달라요. 양육자들이 어려워하는 당장의 문제에서 시작해야 자기공감, 원부모와의 관계, 내면아이 만나기 같은 내면 작업을 해보라고 설득할 수 있어요. 당신이 해결하고 싶은 문제가 무엇이고, 그걸 비폭력대화가 어떻게 다룰 수 있는지를 보여주면서 실제 변화를 체감시켜 주고 싶어요.

남편이 그 일을 할 수 있도록 생계활동을 하고 있다는 게 가장 강력한 기여죠. 그리고 서비스가 양육자 대상이라서 남편이 자문을 구하면 사용자 입장에서 의견을 줘요. 지금 개발하는 건 초기 양육자들이 아이와의 대화를 녹음해서 보내 주면 아이랑 깊이 상호작용할 수 있도록 코칭해 주는 애플리케이션이에요. 지식이나 경험을 가지고 사람이 하는 게 아니라 인공지능 모델이 해요. 책을 읽거나 강의를 들으면 그걸 이해해서 실제 대화방식을 바꾸는 게 개인의 몫이잖아요. 이 앱은 그 여정을 도와줘요. 이 서비스의 롤모델은 '유한킴벌리'에요. 유한킴벌리는 아기용 기저귀부터 휴지, 생리대, 성인용 기저귀까지 삶 전반에 필요한 위생용품을 만들잖아요. 비폭력대화 관련 책이 어린이 양육자, 치매 노인을 돌보는 가족을 위한 것까지 다 나와 있듯이, 이 서비스는 삶 전반의 모든 대화에 대해 코칭

할 수 있게 만들고 있어요. 비폭력대화 챗봇을 만드는 거냐고 오해
하시는 분이 있는데, 이건 사람을 대체하는 게 아니라 사람과 사람
의 연결을 돕는 에이전트에요. 요즘 챗GPT로 사주도 보고 심리 상
담도 많이 한다는데, 그렇게 사람이 인공지능과 대화하는 게 아니라
사람과 사람이 연결되는 걸 인공지능 기술이 돕는 거죠. 그래서 이
애플리케이션을 쓸 때는 양육자가 후대전화를 보지 않고 그냥 아이
와 대화를 하면 돼요. 양육자가 아이와 현존하는 거죠.

한 단계가 더 들어가요. 전 '네 귀로 듣기'를 하면서 자칼에서 기
린으로 전환이 안 되서 어려울 때가 많았어요. 다섯 개의 의자는 중
간에 미어캣 의자가 있어요. 잠시 경계를 긋고 '멈출' 수 있는 의자인
거죠. 다른 의자들도 풍성하게 설계되어 있어요. 실용적이고 구체
적인 방법들이라 진입 장벽이 낮아요. 가령 블레임스토밍(불평불만게
임), 내가 옳다 게임 등 그룹으로 할 대 재미있는 장치들이 제시되어
있어요. 의자라는 물리적인 도구를 이용하니까 직관적이고요. 소그
룹 워크숍을 해봤는데 사람들이 의자를 옮기며 전환되는 경험을 무
척 재밌어 하더라고요. 비폭력대화를 전혀 모르는 사람도 할 수 있
어요. 이것만 떼어서 해도 좋고, 기존의 비폭력대화 강의에 녹여서

해도 좋을 거예요.

아직 많이 남았어요. 그래서 회사 안에서 비폭력대화를 잘 펼치고 싶어요. 소소하게나마 재작년부터 동료들과 격주로 양육자 대화모임을 해요. 작년에 멤버 두 명이 사정이 생겨서 안 하려고 했는데 남은 사람들이 다른 사람을 데려와서 모임이 더 커졌어요. 휴가 중에도 참석하고요. 비폭력대화에 관심을 보이는 사람은 교육원에 가서 듣도록 안내도 하고 있어요.

조직원으로 만나면 어려울 수 있는데, 양육자 대화모임이고 여기서의 이야기는 이 안에서만 안전하게 나누자고 약속해요. 양육 고민은 개인적이면서 중요하고, 잘 다루고 싶은 문제라서 구성원들이 가이드를 더 잘 지켜주는 것 같아요. 그 외에 가까운 곳에서 대면으로 할 수 있는 교육을 계속 하고 있어요. 일하면서 두 아이를 양육해야 하니 멀리 다닐 수가 없거든요. 온라인 강의는 한계가 느껴져서 제가 직접 갈 수 있는 곳에서 나눌 기회를 계속 찾고 있어요. 또 저희 조직 특성에 맞는 교육을 짜서 인재개발원에 제안하고 소규모로 실험하면서 범위를 넓혀가고 있어요.

저의 경우에는 제가 몸담은 회사의 특수성 때문에 소명 의식이 있어요. 공영방송의 조직문화와 구성원의 의식은 콘텐츠와 직결되거든요. 점점 매체 영향력이 줄어들고 있긴 하지만, 그럼에도 불구하고 저희가 만드는 콘텐츠는 대한민국에 파급력이 있다고 생각해요. 그래서 가능하면 정년퇴직하는 그날까지 비폭력대화를 실천하고 주변에 전하고 싶어요.

두 아이를 키우면서 직장에 다니고, 사내, 사외에서 강의도 하고, 연습모임도 하고, 코칭도 하고, 책도 번역하는 그 에너지가 놀랍습니다. 비폭력대화를 녹여 자라나는 아이들에게 필요한 콘텐츠와 기술을 만들어내는 부부의 열정에 감사드립니다.

자기공감의 경험을 나누고 싶은
기업 연수원 운영자

—

노세효

노세효 님(기업 연수원 운영 총괄)은 2024년 비폭력대화를 배우신 분이 진행하는 코칭교육에서 만났습니다. 교육을 마치고 저는 실습을 못 했지만, 노세효님은 부지런히 실습하셔서 몇 달만에 KAC(Korea Associate Coach)가 되었습니다. 일년 반이 지난 현재 노세효 님은 KPC(Korea Professional Coach)를 지나 국제코칭연맹의 PCC(Professional Certified Coach)에 도전 중입니다. 그리고 기업에 비폭력대화를 전파하기 위해 준비하고 있습니다.

원래는 기업의 공간 관련한 일을 하는 계열사에서 인사, 총무, 회계, 재무 등의 관리업무와 건물 시공 관리를 했어요. 그러다가 합병이 된 이후에는 재무 등 지원 업무를 본사에서 다 해주니까 저는 공간 구축하는 일과 공간 운영 업무를 했어요. 그러다가 지금은 용인에 있는 연수원 운영 총괄 업무를 하고 있어요.

18년 가까이 알고 지내는 지인이 4년 전에 추천해 주셨어요. 건축설계를 할 때 알게 된 조경가 김지현 박사님인데, 그분은 제가 뭔가를 해보겠다고 하면 잘 생각해 보라고 하는 분이었어요. 18년 동안 그분이 저에게 추천한 게 두 가지인데, 하나는 8년 전 '박문호의 자연과학세상'이고, 또 하나가 4년 전 권해준 비폭력대화에요. 뭔가를 잘 권하지 않는 분이었기 때문에 그분을 믿고 시작했죠.

수업에 남자들이 적어서 처음에는 낯설긴 했지만 너무 좋았어요. 그냥 이야기 나누는 게 좋았다고 할까요? 예전에 불교 수행하러 쫓아다닌 적이 있어요. 겉으로는 멀쩡하고 아무 문제 없어 보이는데, 저는 제 자신이 너무 부족한 게 많은 거 같아서 불만스럽고 불안했어요.

33살에 결혼을 했는데, 처가 쪽이 독실한 기독교여서 목사님이 신방차 신혼집에 오신 적이 있어요. 그때 목사님이 저에게 어떻게 살면 좋겠냐고 물으셨는데, 지금보다 좀 더 온전한 사람이 되고 싶다고 대답했어요. 그 시절 저에게는 그게 굉장한 화두였나 봐요. 불안하지 않고 온전한 사람, 주변 사람들이 보는 내 모습과 실제 내 모습이 일치하는 사람이고 싶은데, 그렇지 않은 내 상황이 굉장히 힘들었죠. 그래서 불교를 많이 쫓아다녔어요. 제 인생 30대에는 부처를 멘토 삼아 지냈어요. 불교 수련에도 많이 갔는데, 좋기는 하지만 뭐가 뭔지 잘 모르겠고, 나 혼자 알아서 해야 될 것 같은 막연함이 있었어요. 그렇지만 좋으니까 계속 했죠. 그러다가 40대 후반에 비폭력대화를 만났어요.

불교에서 알게 된 것들이 구체적이고 체계적인 모습으로 다가왔다고 할까요? 불교 수행에서 첫 번째로 참여한 과정이 4박 5일 '깨달음의 장'인데, 마지막 날이 인상적이었어요. 수련원 건물에 액자가 하나 걸려 있었고 그 안에 "있는 그대로 봅니다"라는 문장이 있었어요. 법사님이 이 말을 잊지 말고 살라고 했어요. 제 나이 31살 때였는데, '이게 뭔 소리지?' 싶었어요.

당시에는 "있는 그대로 봅니다"라는 말이 도저히 이해가 안 되었는데, 이제는 알죠. 있는 그대로 보지 못하는 경우가 너무 많으니까 있는 그대로 보는 게 굉장히 대단한 일이라는 것을요. 비폭력대화의 첫 단계가 바로 관찰이잖아요.

불교에서는 카르마라고 하는데, 사람들이 자기만의 경험으로 만들어진 자기만의 렌즈로 세상을 보니까 있는 그대로 보지 못해서 에러가 생기고 소통이 안 된다고 말해요. 어렴풋이 알던 내용을 비폭력대화에서 명확하고 구체적으로 얘기해 주니까 너무 좋았어요. 불교 공부에서 해소가 안 된 것들이 비폭력대화를 배우면서 명쾌해졌어요. 그동안 공부했던 것들이 비폭력대화를 빨리 이해하는 데 도움이 되었고, 비폭력대화를 통해 불교적인 것들을 더 잘 이해하게 된 거죠.

네. 불교의 내용을 정리해 주는 거 같아서 참 좋았죠. 2021년에 NVC1을 배우고 바로 NVC2, 3을 들었어요. 회사를 옮기면서 시간 여유가 생겨서 더 집중해서 배울 수 있었던 거 같아요. 그전에 설계사무소에서 일할 때는 맨날 야근하고 주말에도 일했는데, 현재 직장으로 오면서 주말에 쉴 수 있는 여유가 생기니 시기적으로 잘 맞았던 것 같아요. 건축설계사무소 전에는 한화갤러리아에서 건축, 인테리어 설계 업무와 현장관리 업무를 했어요.

아이들과의 대화는 어때요.

고3, 고1 딸 둘이 있는데, 대화하는 데 불편한 건 없어요. 어릴 때부터 아이들에게 아빠는 만만한 상대였어요. 저는 아이들 감정을 다 존중해 주고 싶었어요. 그게 저한테 너무 중요했거든요. 그래서 아이의 행동은 아니더라도 아이의 감정은 모두 수용하려고 했어요. 그러는 게 아이들을 사랑하는 거라고 생각했죠. 저는 아이들에게는 화를 내본 적이 없어요.

어떻게 그렇게 할 수 있었을까 궁금합니다.

정토회 법륜 스님의 선물이죠. 서른한 살에 '깨달음의 장'에 다녀온 후 5년 뒤에 '나눔의 장'에 다녀왔어요. 그때 빙 둘러앉아서 자기 얘기를 많이 했고, 제 평생 제일 많이 울었어요. 그리고 35년 동안 내가 나를 어떻게 대했는지를 직면했어요. 한 순간도 나 자신을 사랑해 본 적이 없었고, 어느 누구한테도 하지 않는 비난을 매 순간 저에게 퍼붓고 부족하다고 다그치는 모습을 마주하고는 하염없이 눈물을 흘렸어요. 그러면서 부족하고 못난 모습을 완벽한 모습으로 만들려는 나 자신과 화해하고 내 감정을 수용하기 시작했어요. 또 도움이 됐던 게 큰아이 두 살 때 만난 책《내 아이를 위한 감정코칭이》이에요. 그 책을 통해 감정에는 옳고 그른 게 없다는 걸 배웠어요. 너무 좋아서 몇 번을 읽었죠. 저는 외견상 아무 문제가 없는 사람이었는데, 제 마음엔 나쁜 마음도 있고 불편한 마음도 있었어요. 저는 그게 잘못이라고 생각했는데 아니었어요. 감정은 매 순간 진실하고 소중하다는 것을 처음 알았어요. 그 책도 제 삶에 큰 전환점이 되었죠.

비폭력대화를 배우면서 그간 고군분투했던 게 한꺼번에 싹 정리되는 것 같았고, 내 욕구를 알게 된 게 가장 좋았어요. 감정 공부를 하면서 감정에는 옳고 그른 게 없다는 걸 알았고, 자신을 미워하거나 감정을 없애려고 애쓰는 일은 줄어들었지만, 그다음에는 어떻게 해야 할지 잘 몰랐어요. 그래서 가끔 감정에 휩싸일 때는 감정을 없애려고도 했던 거 같아요. 그럴 때면 에너지가 굉장히 많이 소모되더라고요. 근데 내 마음을 들여다보고 그 순간 나한테 중요한 욕구를 찾으니까 불필요한 에너지를 쓰지 않으면서 마음이 진정되고 더 나은 선택을 할 수 있었어요. 그런 경험을 하면서 훨씬 더 저 자신과 친해지고 저를 사랑하고 수용하게 되었어요. 그러고 나면 굳이 노력하지 않아도 상대를 연민의 마음으로 볼 수 있는 마음이 생기더라고요.

제 경험상으로도 불교 수행만으로는 자기감정을 해소하는 데 시간이 오래 걸렸죠. 한편 직장 다닐 때 힘들어서 백일 간 108배를 하고 수행문을 외워도 해소가 안 됐는데, 2박 3일 비폭력대화 워크숍에 가서 바로 해결된 적이 있어요. 그때 비폭력대화의 힘을 알게 되었어요. 노세효 님의 경우 회사 생활에서는 비폭력대화를 어떻게 적용하고 계시나요.

회사 일이라는 게 내 뜻대로 하는 게 아니고, 또 원하지 않는 일이 벌어지잖아요. 그럴 때면 산책을 하거나 먼 산을 바라보면서 자기공감을 해요. 그래도 힘든 마음이 며칠 지속되면, 아침 일찍 조용한 카페에 가서 내 마음을 적어요. 누구도 탓하지 않고 제 감정을 계속 들여다보면 해소돼요.

또 누군가의 행동이 내가 원하지 않는 방법일 때 서운하기도 하고, 리더로서 여러 가지 불안함도 있어요. 저렇게 하면 안 되는데 싶은 경우도 많고, 상대를 배려하지만 '도가 지나친 거 아닌가? 내가 이렇게 관대해도 되나?' 하는 고민도 있어요. 그럴 때는 저를 봐요. 내가 뭐 때문에 이렇게 고민하고 스트레스를 받는지, 진짜 내가 원하는 게 무엇인지 들여다봐요. 그러고 나면 얘기하게 되더라고요. 상대에 대한 불편한 마음이 있으면 말을 못 하고, 말하더라도 마음이 편하지 않은데, 내 욕구가 충분히 이해되면 얘기하는 게 그리 어렵지 않더라고요. 예를 들어 팀원이 여러 번 지각할 경우, "너를 신뢰하고 네 사정은 이해하지만, 네가 지각하면 주변에서 너를 어떻게 바라볼지 염려가 된다. 그래서 가능하면 정시에 오면 좋겠다. 그렇게 해줄 수 있겠냐?" 이렇게 말해요. '네가 잘못됐다, 신뢰하지 않는다'가 아니라 '내가 이런 걸 원한다'고 얘기해요. 그러면 더디지만 바뀌더라고요.

또 제가 원하지 않는 방향으로 조직 개편이 되면 당황스럽고 불편한 마음이 들기도 하지만, 내 욕구에 대한 공감이 충분히 이루어지면 밖의 상황이 보이고 상대가 이해되기 시작해요. 그러면 굳이 뭔가를 얻어내지 않더라도 제 마음이 편해져요. 그게 선물인 것 같아요. 비폭력대화를 하면서 좋은 것은 나를 포함해서 누군가를 이해할 수 있다는 거예요. 그게 진짜 큰 선물이라고 생각해요.

저는 표현을 잘하는 편이 아니었어요. 삭이고 참는 데 익숙한 사람이었는데, 표현을 하면서 해소하는 건 확실히 비폭력대화를 하면서 생긴 변화에요. 그렇게 할 때 내가 얼마나 홀가분해지는지를 경험한 거죠. 참는 건 표현하지 않을 뿐 상대에 대한 불편한 마음이 내 안에 있는 거고, 그걸 그냥 가지고 있으면 견딜 만은 하지만 매 순간 제 안에 작은 지옥이 있는 거죠. 근데 그 마음을 수용하고 자기공감을 한 후 상대를 이해하고 나서 소통을 하면 진짜 그 마음이 싹 없어져요. 그래서 이제는 불필요한 에너지를 안 써요. 주변 상황에 끌려

다니는 빈도가 적어져서 제가 제 삶의 진짜 주인이 된 느낌이에요.

글쎄요. 불안함은 누구에게나 있는 자연스러운 거라 그냥 수용해야 되는 거였어요. 불안이 내 옆에 있어도 괜찮다고 수용하면 되는 거였는데, 그걸 자꾸 없애려다 보니까 더 안 됐던 것 같아요. 이제는 감정을 온전히 바라보고 수용해요. 이제는 그런 태도가 습관이 되었어요.

일상에서 그걸 경험하니까 자기수용이 정말 중요하구나 싶어요. 비폭력대화를 배우기 전에도 저희 집 가훈은 자신을 사랑하는 거였어요. 30대에 불교 수행을 시작하고 계속 공부하면서 아빠로서 딸들한테 뭘 해줄 수 있을까 고민했어요. 할 수 있는 게 없지만, 꼭 하라고 한다면 자기 자신을 사랑하는 모습을 전해주고 싶었어요. 그 전에는 그게 생각으로만 있었는데, 비폭력대화를 배운 후 그걸 실천할 수 있는 구체적인 방법을 알게 된 거죠.

2023년에 중재 과정을 수료하고 2024년에 라이프를 수료했어요. 그전에는 코어자칼 등 주제 강의를 열심히 들었어요. 중재를 배우면서 비폭력대화를 진짜 이해하게 된 것 같아요. NVC1, 2, 3가 이론 공부에 가까웠다면, 중재 과정은 실전 대화연습이라 비폭력대화가 어떤 건지 더 잘 이해하게 되었어요. 너무 좋아서 동기들과 연습을 진짜 열심히 했어요. 중재 과정이 이론으로 배운 걸 몸으로 체득하는 과정이라면, 라이프는 좀 더 편안하고 여유롭고 자유로워지는 느낌이었어요.

중재 과정 동기 중에 에버랜드의 허성 님과 박재영 님이 KPC[*]였어요. 그분들 덕에 하게 되었어요. 작년 3월에 박재영 님에게 코칭 기초교육을 받았는데 해 보니 비폭력대화랑 같은 맥락에 있어서 어렵지 않고 재미있었어요. 수료 후 50시간 실습을 해서 KAC 자격을 받았고, 그 후 200시간 실습해서 KPC가 되었어요. 다음 단계로 500시간을 실습해서 내년 상반기에는 PCC 자격을 따려고 해요. 10년 후에는 MCC를 딸 계획이구요. 그건 2,500시간 실습이 필요해요.

하다 보니 두 가지가 같은 거라는 생각이 들어요. 올해 국민대 코

---

[*]　국내 코치인증 자격은 난이도 순으로 KAC((Korea Associate Coach), KPC((Korea Professional Coach), KSC(Korea Supervisor Coach)로 나뉘며, 국제자격증으로는 난이도 순으로 ACC(Associate Certified Coach), PCC(Professional Certified Coach), MCC(Master Certified Coach)가 있다.

칭대학원에 들어갔는데, 존경하는 김종명 교수님이 매번 하시는 얘기가 있어요. 코칭에는 여러 가지 프로세스가 있지만 '기생욕'이 제일 중요하다고요. 코칭 패러다임은 '존이공탁', 즉 존중, 이해, 공감, 고객의 탁월성을 믿는 패러다임이지만, '기생욕', 즉 그 사람의 '기분'과 '생각'과 '욕구'를 알아주는 게 제일 중요하다, 코칭은 그게 엔진처럼 돌아가는 거라고 말씀하셨어요. 그게 바로 비폭력대화잖아요.

저도 코칭을 처음 접하면서 그렇게 느꼈거든요. 그래서 코칭 실습을 하면서부터는 비폭력대화 연습을 따로 하지 않아요. 코칭 과정이 바로 공감하는 과정이라고 생각해요. 오늘 어떤 분이 코칭이 막혀서 어떻게 해야 될 지 모르겠다, 자신은 항상 문제 중심으로 대화를 하는 것 같다면서 비폭력대화가 너무 궁금하다고, 저에게 코칭을 해달라고 하셨어요. 그래서 비폭력대화 방식으로 코칭을 했어요.

제가 자주 하는 말이 있는데, 비폭력대화는 기초체력 같고, 코칭은 기초체력 위에 얹어진 실용적인 기술 같아요. 몸이 건강해야 일도 잘 할 수 있는 것처럼, 비폭력대화가 베이스로 탑재되어 있으면 다른 일을 하는 데 훨씬 더 효과적인 거 같아요. 코칭과 비폭력대화는 다른 게 아니라 그냥 한 덩어리 같아요. 자동차로 비유하면 비폭력대화라는 엔진에 코칭이라는 형태를 얹은 거죠.

너무 하고 싶죠. 전에는 시공관리 업무와 연수원 운영 업무를 같이 하다가 지금은 연수원 운영만 하고 있는데, 콘텐츠를 발굴하고 연결하는 일도 해보려고 해요. 비폭력대화 강의도 여건이 되면 하려고 소개강의 준비를 50% 정도 해놨어요. 직장인들이 다들 힘들다 힘들다 하는데 우리 직원들도 그렇거든요. 그럴수록 기업문화 활성화 차원에서 더 필요하다고 생각해요. 지금은 다른 거 하느라 시간을 못 내고 있지만, 협력강사도 꼭 하고 싶어요.

사내에서 비폭력대화 강의를 한다면 어떻게 하고 싶으신가요.

두 가지 메시지를 전하고 싶어요. 첫째는 '감정은 소중한 메시지'라는 거예요. 그 메시지가 저에게 너무나 큰 선물이었기 때문에 그걸 전해주고 싶어요. 그리고 감정에는 옳고 그른 게 없다, 감정은 잘못된 게 아니라는 걸 전하고 싶어요. 이런 얘기 자체가 위로가 된다는 사람들도 있어요. 두 번째는 욕구를 알려주고 자기공감을 경험하게 해주고 싶어요. 결국은 자기 자신에 대해 공부하는 법을 알려주고 싶은 거죠.

업무 중에 느낌말 사용도 하시나요.

많이 사용해요. 누군가가 속상해하면 일단 다 듣고 나서 정말 속

상했겠다, 답답했겠다, 억울한 마음도 있었겠다, 이렇게 말해요. 그러면 자기 얘기를 한없이 해요. 안전하게 느끼니까 이야기하는 거겠죠. 그러고 나면 해소되는 것 같아요. 또 누군가가 "왜 이런 일을 시키는지 모르겠어요"라거나 "굳이 이렇게까지 해야 하나요?"라고 말하면 "그렇게 느낄 수 있는데, 이 일을 시키는 사람은 되게 불안할 거야. 그러니까 안심시키는 게 중요해"라고 말해요. 그러면 수긍하는 것 같아요. 헛일하는 게 아니라 그 사람을 안심시켜주기 위해 일을 하는 거니 억울하지 않게 되는 거죠.

직장에서 비폭력대화 방식으로 말하는 것에 대해 사람들은 어떻게 생각하나요.

거부감이 전혀 없고, 공감받으니까 덜 억울해하죠. 부당하고 쓸데없는 일이라는 생각에 갇혀 있으면 일을 하면서도 짜증나잖아요. 그런데 "네 말이 맞다. 그런데 그가 불안해서 이 일이 잘못될까 너무 염려돼서 그러는 거다. 그 마음을 안심시키는 게 오늘 우리의 목표다." 이렇게 우리가 하는 일의 의미를 바꿔줘요.

신입 직원 중에 "이걸요? 제가요? 왜요?" 이렇게 말하는 사람들이 많다는데, 그런 직원들은 어떻게 대응하시나요.

그런 말을 들으면 일단 대화를 멈추고 제 마음을 먼저 다독여요.

대화 도중이지만 그냥 멈추고 자기공감을 먼저 한 후 대화하려고 해
요. 근데 마음에 뭔가 또 걸리는 게 있으면 그의 마음도 보려고 해
요. 그래야 내 말이 잘 전해질 테니까요.

대화 도중에 어떻게 멈추시나요.

심호흡을 하면서 그냥 잠시 멈추는 거죠. 그러면 상대도 알고 멈
칫해요. 멈춘 후 자기공감을 하고, 계속 말을 할지 말지 제가 편한
대로 선택해요. 자기공감이 되고 나면 상대가 그렇게 안 미워져요.
상대를 편견 없이 보게 되니까 그냥 넘어갈 때도 있어요. 결국 그의
문제가 아니라 그를 바라보는 내 문제라 내 마음이 분명해지면 더
말할지 말지는 자동으로 선택하게 되는 것 같아요. 비폭력대화의
'선택'이라는 말이 너무 좋아요. 꼭 뭘 해야 하는 게 아니라 제가 선
택하는 거죠.

보통은 자기공감이 되고 나면 상대의 감정도 보게 돼요. 이런 말
을 할 때 그의 감정이 뭔지를 보는 게 너무 중요해요. 그의 감정을
읽어내고 그 감정과 함께 내가 춤출 때 모든 일이 잘되는 거 같아요.
나에게 좋은 걸 알면 자동으로 돼요. 누군가를 위해서 하는 게 아니
라 나한테 유리하니까 하게 되는 거죠. 결국 모든 행동은 논리로 움
직이는 게 아니라 감정으로 움직이고, 말은 감정을 논리적으로 표현
하는 것뿐이잖아요. 이런 걸 이해하는 데 뇌과학 공부도 도움이 되

었어요.

각자 다 힘들어하고, 누군가가 알아줬으면 좋겠다는 마음일 거예요. 윗사람들이 "회사에서 어떻게 그럴 수가 있어?"라고 말하는 이유는 그렇게 안 하면 두렵고 힘들기 때문이죠. 그들도 힘들어서 누군가가 알아주면 좋겠다는 마음일 텐데, 제일 좋은 건 자기가 자기 맘을 알아주는 거겠죠. 그래서 저는 회사에서도 자기공감이 너무 중요하다고 생각해요. 그리고 중견 팀장 이상이 아래 직원들과 같이 일을 하려면 대화 스킬이 필요한데, 이때 제일 중요한 건 존중이고, 옳고 그름이 없다는 생각인 것 같아요.

요즘 기업 내부에서는 자율성을 중요하게 생각해요. 젊은 직원들은 직장이 자신의 모든 걸 쏟아부어야 할 곳이 아니라고 생각하고, 선택은 자신이 해야 한다고 생각해요. 모든 일은 자기가 선택하는 거라서 누군가의 얘기를 듣거나 지시를 따르려고 하지 않는 것 같아요. 아이러니하게도 모든 걸 자기가 다 책임져야 하니까 더 불안한 거 같아요. 예전에는 뭔가에 대해 다툼이 있으면 규정대로 하고, 억울하면 욕하면 되었어요. 회사가 권위적일 때는 벌어지는 모든 상황에 대해 회사를 탓하면 되었거든요. 근데 요즘은 모든 것이 자기 선택이고 자율적으로 하기 때문에 불안함이 커요.

결국 개인이 정신적으로 감내해야 할 게 너무 많아서 안타까운 마음이 들어요. 그래서 젊은 친구들 보면 더 힘들겠다 싶어요. 옛날에는 답답했지만 내가 책임질 게 적었죠. 지금은 평생 직장도 아니고, 수평적인 문화이고, 자율성이 중요하고, 꼰대라고 비난하는 문화가 있다 보니 잔소리하는 사람이 없어요. 요즘은 그냥 자기가 알아서 하는 분위기에요. 역할분담과 책임에 대한 룰이 있고 회의는 하지만, "이렇게 하세요" 같은 지시는 거의 없어요. 그러면 편해야 하는데 뭔가 불안해해요. 정답처럼 방향이 없으니 어디로 가야 할지 모르고, 가다가 난관에 부딪히면 자기 탓인 거죠. 선배가 그러라 해서 갔으면 선배 탓 하면 되는데 그게 어려운 상황이죠.

뭐가 중요한지, 무슨 의미가 있는지 일의 맥락을 설명해줘요. 그리고 어려운 게 있으면 얘기하라고 해요. 시키면 시키는 대로 해, 이런 문화는 이제 없지요. 그래서 감정이 너무 중요하게 된 거 같아요. 상대를 존중해 주는 것도 중요하고요. 일은 그 일이 옳아서, 맞아서 하는 게 아니잖아요. 이제 일은 내 감정상 수용할 만하냐가 중요해요. 내 안에 여러 가지 두려움과 불편함이 있지만 그걸 넘고 내가 그 일을 수용할 수 있느냐가 중요한 거 같아요. 이제는 감정이 중요해져서 서로 조심하는 것 같아요. 그러다 보니까 진정한 소통이 단절

되고 뭔가 겉돌기식, 좋은 게 좋다는 식의 가벼운 대화가 많은 거 같아요.

그런 변화가 온 게 언제부터인가요.

제가 느끼기에는 한 10년 전부터이고, 최근 5년간 굉장히 변했어요. 실제로는 IMF 때부터 시작됐을 거예요. 종신 고용이 없어졌으니까요. 그리고 시대가 굉장히 빠르게 변하잖아요. 그래서 기업에서는 이래라저래라 하지 말라고 해요. 밑에 직원들이 더 잘 알잖아요. 윗 사람이 알고 있는 답은 이제 모두가 다 아는 거죠. 경험이 많다고 정답을 제시하지 못해요. 옛날에도 정답일 확률이 적었지만, 이제는 더 적어진 세상이 되었어요.

겉으로는 수평적이고 자율적인데 내면에서는 불안이 더 높아졌다는 말이 놀랍네요.

자기 선택권이 많아지면 불안해지죠. 다 내 책임인 거니까요. 10년 전에 독일에서 활동하는 철학자 한병철이 말했던 '피로사회'라는 말이 정확하게 맞는 것 같아요. 옛날에는 태어날 때부터 자기 위치가 정해져 있었잖아요. 답답함은 있어도 나름 편안했대요. 노비로 태어난 게 자기 탓은 아니니 체념하고 수용할 수 밖에 없었고, 비슷한 처지에 있는 사람들이 있었고, 신세 한탄을 하면 되는 거였죠. 근데 지금은 자율 경쟁 시대고 자기가 선택하고 노력해서 얻으면 되는 시대예요. 그래서 개인의 권리를 존중하는 문화이고, 모든 결과는 내가 노력해서 얻으면 되는데, 노력해도 안되면 내 문제가 되는 거죠. 또 선택하고 선택하다가 더는 선택하지 못하는 상황에 놓여서 무기력해지는 순간이 있겠죠. 그래서 마지막으로 선택하는 게 자살이래요. 그래서 현대사회일수록 우울증이 많고 자살율이 높아질 수밖에 없다는 얘기에 굉장히 동의가 되었어요.

요즘 젊은 친구들에게는 FOMO fear of missing out 증후군, 즉 선택지가 많아서 선택지를 놓칠까 봐 불안해하는 증상이 있다고 해요. 이것도 하고 저것도 해야 하는데 그걸 못해서 도태될까봐 가만히 있기만 해도 불안하다는 거예요. 3년 전에 글쓰기 모임에서 20대부터 50대까지 다양한 연령층을 만났는데 젊은 친구들이 되게 멋있게 보였어요. 주관이 뚜렷하고 소신껏 얘기하고 책도 많이 읽고, 여행도 자유롭게 다니면서 자기가 뭘 좋아하는지 잘 알고 있었어요. 그런 청년들이 "세상에 어른이 없다. 내게 어른이 있었으면 좋겠다"는 말을 했어요. 자기들이 다 알아서 하지만 불안하다, 가고자 하는 방향에 대해 말해줄 진정한 어른이 있었으면 좋겠다는 거죠.

이래라저래라 참견은 싫은데 어른이 있었으면 좋겠다는 거군요.

나름 잘 살고 있지만 힘들다, 누군가 봐주는 사람이 있었으면 좋겠다는 거죠. 제 생각에는 롤 모델이 필요한 것 같아요. 롤 모델을 보면서 내가 이렇게 사는 게 맞구나, 하면서 스스로 확신을 가지고 싶었던 거 같고, 공감과 지지도 필요했던 거 같아요.

많죠. 대화하고 나면 공감받고 위로받았다, 힐링되었다는 분들이 있었어요. 사실 누구나 응원받고 지지받고 싶은 마음이 있죠. 항상 불안하지만 그래도 괜찮다는 얘기를 듣고 싶은데, 누구도 그걸 안 해주잖아요. 근데 한 가지 아주 파워풀한 게 있는데, 바로 자기공감이에요. 내 감정은 항상 나에게 메시지를 보내잖아요. 누구한테 말하기 부끄러운 감정을 괜찮다고 어루만져주고 공감해 주는 자기공감이야 말로 진짜 모든 사람한테 필요하다고 생각해요.

저는 대화하면서 느낌이라는 게 얼마나 소중한지를 얘기해 줘요. 느낌이 자연스러운 거라고 얘기하면 사람들이 큰 위로가 된다고 말해요. 미래를 상상하면 불안한데, 그 불안에 대응하는 데는 비폭력 대화만큼 좋은 게 없다고 봐요. 사실을 있는 그대로 보면서 일어난 일로 인해 힘들어하는 나의 감정을 보고 그 밑에 내가 소중하게 여기는 욕구를 들여다보는 작업을 진짜 가르쳐주고 싶어요. 누구한테나 다 잘할 필요는 없고 그냥 자기공감만 해도 세상이 훨씬 건강해지지 않을까 생각해요. 그걸 우리 조직 안의 젊은 크루들에게 진짜 전해주고 싶어요.

그게 되면 그다음은 자동으로 된다고 생각해요. 중재할 때도 자기공감이 돼야 상대에 대한 연민의 마음이 생기잖아요. 자기공감 없이 누군가한테 잘하려고 하는 건 어려운 일이에요. 자기공감을 먼저 해야 자기가 편안하고, 자기가 편안해야 뭘 해도 좋은 거죠.

일단 우리 팀원들에게 할 거고, 그다음에 연수원 직원들에게도 할 거예요. 코칭 동기들과도 하려고 해요. 처음부터 비폭력대화 모델로 시작하면 아마 머리에 안 들어올 것 같아서 우선 왜 소통이 안되고 힘든지를 얘기하면서 시작하고 마지막에는 그로그 카드게임을 하려고 해요. 그로그 카드는 누구나 좋아하더라고요. 이런 전체적인 흐름을 후배에게 설명해 주었는데, 꼭 했으면 좋겠다고 했어요. 후배에게 두 가지 이야기를 했는데, 첫 번째는 심장이 크고 아카시아 가시를 녹이는 기린의 특성을 달하면서 직관적으로 비폭력대화를 설명했고, 두 번째는 마이크로소프트의 기업문화에 대한 만화와 주가 그래프를 보여주면서 비폭력대화 이야기를 했어요. 마이크로소프트는 과거 부서간에 총질을 하는 기업문화였는데 사티아 나델라 취임 후 공감의 기업문화로 전환했고, 이후 주가가 끊임없이 올라갔어요. 그 그래프를 보고 후배가 "비폭력대화가 그렇게 실용적이라는 말이에요?" 하면서 놀랐어요.

앞으로 어떤 비전을 갖고 계신지요.

비폭력대화를 많은 사람이 알았으면 좋겠고, 특히 젊은 친구들이 많이 알았으면 좋겠어요. 사람들한테 "이렇게 소통해 봐" 이러면 "내 잘못이 아닌데 내가 왜?" 하면서 일이 꼬이는 것 같아요. 사람들은 대화로 상대의 마음을 바꾼다는 게 불가능하다고 생각하는 경향이 있어요. 그래서 저는 일단 사람들이 자기공감을 경험해 보고 그 능력을 기르면 사회든 기업이든 훨씬 더 건강해지지 않을까 싶어요. 제 경험상 자기공감이 잘되면 나머지는 다 잘되는 거 같아요. 자기공감을 통해 우선 내 마음이 홀가분해져야 다음 단계로 나갈 수 있기 때문에, 저는 우리 직원들에게 자기공감의 기술을 전해주고 싶어요.

고 세상이 편안해질 거라는 말에 백프로 동의합니다. 코칭을 통해 더 많은 사람에게 공감문화를 확산하고, 직장에서 함께 일하시는 분들에게도 자기공감의 새로운 세상을 선사하실 노세효 님의 앞날에 큰 응원과 지지를 보냅니다.

국제공인트레이너를 꿈꾸는
대기업 최초 비폭력대화 사내강사

—

김상학

김상학 님(전 LG전자 사내코치)은 2024년 1월 경주에서 열린 IIT(국제심화교육)의
홈그룹 멤버로 만났습니다. 코치라고 자신을 소개하셔서 참가자들을 위한
프로그램으로 코칭세션을 제안했더니 일과 시간 후 바로 시작을 하셨고, 제
가 1번으로 코칭을 받았습니다. 이때의 코칭 대화 덕분에 바로 교육원에서 기
업대상 소개강의를 열었습니다. 이후 기업 관련 일이 있을 때마다 든든한 조
언자가 되어 주셨습니다.

비폭력대화는 언제 어떻게 배우셨나요.

10년 전이에요. 신촌센터에서 수요일 저녁에 박재연 선생님에게 처음 수업을 들었고, NVC2, 3은 김효선, 이경아 선생님에게 배웠어요. 당시 아들이 사춘기여서 대화가 잘 안 되었어요. 사실 그 나이대 아이와 얘기를 시도한 것 자체가 무리였을지 모르지만요. 학교도 그렇고 회사도 그렇고 합리적으로 말하는 것만 훈련을 받았지, 공감을 해라, 상대방의 느낌을 물어봐라, 이런 거는 배운 적이 없으니까요. LG전자 사내 교육 담당자로서 성과를 올릴 수 있는 교육이나 소통 강의를 했는데, 사실과 데이터를 기반으로 회사의 기준에 따라 직원들한테 설명하는 것만 배우고 익히다 보니 아내와 아이들과는 소통이 잘 안 됐죠.

교육 담당자니까 어떤 교육을 어떻게 할지 찾아보고 이런저런 교육을 많이 쫓아다니면서 배웠어요. 그때 몇 가지 리더십 프로그램과 데일 카네기 교육도 받았고, 비폭력대화도 알게 되었어요. 가족 소통뿐 아니라 교육 담당자로서의 관심도 있었던 것 같아요. 그래서 교육을 신청했는데 수료할 수 있을까 걱정이 되긴 했어요. 당시 이천에 있는 그룹 연수원에서 근무했는데, 매주 수요일 저녁 수업시간에 맞춰 가는 게 큰 도전이었죠.

센터에 가서 교육을 받아보니 다른 교육과 많이 달랐어요. 가정집 2층에서 하는 것도 생소했고, 참가자들이 동그랗게 앉아서 자기 이야기를 털어놓는데, 어떤 분들은 감정에 치우쳐서 울기도 했어요. 처음에는 진짜 적응을 못하겠더라고요. '이런 얘기를 알지도 못한 사람들한테 한다고?' 선생님이 잘 진행하셨음에도 불구하고 마음이 쉽게 열리지 않았어요. 그게 그때의 저였던 거죠.

그런데도 이후 몇 달에 걸쳐서 계속 들었어요. 듣다 보니까 회사 교육용으로 접근할 게 아니라 내가 먼저 바뀌어야 되겠구나 싶었어요. '가족과도 연결이 안 되는데 이걸 누구한테 가르쳐?' 이런 마음이어서 배우고 나서도 한동안 가르칠 생각을 못 했어요. 제대로 체화하려면 어떻게 해야 할까 한동안 고민했죠. 당시 외국 트레이너가 와서 '비즈니스 리더들을 위한 NVC' 강의도 들어보고, 센터에서 판매하는 마셜의 DVD도 사서 들어보니 비폭력대화는 평생 해야 하는 거구나 싶었어요. 이만큼 공부했으니까 나는 이제 비폭력대화로 살고 있어, 이렇게 얘기할 수 있는 게 아닌 것 같았어요.

그런 면에서 비폭력대화는 코칭과 맥이 많이 닿아 있는 것 같아요. '코치는 코칭 대화할 때만 코치로서의 모습을 보여주면 돼. 평상시에는 별로 코치스럽지 않게 살아도 돼!' 이건 말이 안 돼죠. 이와 비슷하게 '비폭력대화도 평소 대화하는 방식이나 태도에 남다른 게 있어야 참가자들에게 제대로 전달되겠구나' 그런 마음이었어요. 근데 어떤 계기였는지 문득 이제는 강의를 해야겠다 싶었고, 강의를 하면서 국제공인트레이너를 해보고 싶다는 마음이 들었어요. 그걸 하면 제대로 성찰하고 체화할 수 있을 것 같은 생각에 한국NVC센터 웹사이트를 보고 캐서린 선생님에게 메일을 보냈어요.

비폭력대화를 먼저 접하시고 그다음에 코칭을 배우셨군요.

코칭에서는 비폭력대화가 도움이 많이 됐어요. 고객과 연결이 안되면 고객이 솔직한 이야기를 털어놓지 않으니까요.

삼성전자 전무 출신이셨던 분이 떠오르네요. 퇴임하시고 코칭을 배워야겠다고 마음먹고 저랑 같이 배우셨는데, 기업 임원 습성을 버리지 못해서 지적을 많이 받으셨어요. 그때 충격을 받으셨는지 이후 엄청나게 본인을 깨고 바꾸려고 노력하셨어요. 10개월간 격주 토요일마다 하는 125시간짜리 교육과정이었는데, 과정이 끝날 때쯤에는 이분이 그때 그분 맞아? 이럴 정도로 바뀌셨어요. 그분은 다시 기업으로 돌아가셔서 삼성전자 협력사 CEO 역할을 하고 계시는데, 지금도 이따금 연락하며 지내요. 사람은 안 변한다고들 얘기하지만, 그분이 몇 달 만에 바뀌는 걸 보니까 사람은 바뀔 수 있다는 생각이 들더라고요. 의지가 있고 필요성을 느끼면 사람은 변할 수 있는 거죠.

비폭력대화는 회사에서 어떻게 적용하셨나요.

비폭력대화를 가르쳐야겠다고 생각하기까지 시간이 좀 걸렸는데, 배운 지 5년쯤 지나니 마냥 기다리면 안 되겠다는 생각이 들었어요. 내가 맡은 역할이 다른 사람을 가르치고 교육 프로그램을 도입하는 거니까 외부 강사를 초빙하는 것도 방법이었지만, 그때만 해도 지금 같은 기업대상 비폭력대화 프로그램이 없었고, NVC1 전체를 다 교육한다는 것도 엄두가 안 났어요.

그래서 교육원에 물어봤어요. 제가 하루나 오후 세션으로 구성해서 강의해도 괜찮겠냐고 물으니 비폭력대화교육원 인증강사가 아님을 밝히고 회사 상황에 맞게 강의하는 건 괜찮다고 했어요. 그래서 제가 배운 것과 책에 있는 내용을 참고해서 관리자 대상 교육을 시작했어요. 본격적으로 사내에서 가르쳐 보겠다는 마음을 먹으니까 더 많이 자극이 되었어요. 강의에서는 솔직하게 제 얘기를 했어요. 비폭력대화를 완벽하게 소화하고 체화해서 강의하는 게 아니다, 나도 갈 길이 멀다고요. 아들과 힘들었던 경험도 얘기했어요. 그러면서 직장에서 어떻게 소통을 잘할 수 있을지가 교육의 주된 목적이지만 팀장님들 삶에서 가족 간 대화가 안 되면 직장에서도 어려울 거라고 이야기하니 다들 동의하더라고요. 와이프랑 매일 티격태격하고 서로 비난하다가 회사에 와서 팀원들한테 "힘들지?"라고 마음을 담아 말하는 건 어려우니까요. 그리고 오늘 하루 워크숍 한다고 완전히 다른 사람이 되는 건 기대하지 말고, 그냥 한번 같이 해보자고 말하면서 느낌도 얘기하고 욕구도 얘기했어요.

처음에는 책에 있는 이야기하네, 하면서 심드렁해했죠. 그러다가 실제 본인들 사례를 꺼내서 느낌, 욕구 카드를 가지고 대화하기 시작하니까 분위기가 달라졌어요. 욕구까지도 안 갔어요. "느낌을 이렇게 표현할 수 있는 거네요. 그냥 기분 드럽네, 째지네, 이렇게만 표현하니까 연결이 안 된 거였군요"라고 얘기하더라고요. "그런 걸 배운 적이 없으니까 누구를 탓할 필요는 없다. 이제 아셨으니 이제부터 하면 된다. 저도 아직 익숙하지 않아서 계속 노력 중이다"라고 말하면서 실패했던 이야기를 하니 조금씩 더 마음이 열렸어요. 그렇게 퇴사하기 전까지 매년 서너 차례 팀장 대상으로 교육을 했어요.

교육은 하루 종일 하기도 하고 반일만 하기도 했는데, 나중에는 요청이 와서 공장에서 일하시는 감독자들과도 했어요. 그분들은 생산성을 따져야 하고 일도 힘들어서 표현이 직설적이에요. 그러나 회사에서 어떤 역할을 하든, 어떤 상황에 있든 비폭력대화는 모든 사람에게 일어나는 일을 얘기하는 거라 참여자 중 절반 정도는 참 좋다, 어떻게 더 할 수 있냐고 물었어요. 그러면 책을 소개해 드리고, 더 진지한 분이 있으면 비폭력대화센터를 소개해 드렸죠. 제가 LG를 나온 다음 유일하게 강의를 요청받은 게 비폭력대화였어요.

HR 담당자들을 비폭력대화 사내 강사로 양성하는 것도 좋을 것 같네요.

좋은 방법이에요. 실제로 LG전자 사내 코치들은 여러 가지 프로그램을 다 강의할 수 있어요. 비폭력대화에서는 교육원강사, 국제 공인트레이너, 협력강사만 있고 사내강사는 없잖아요. 다른 글로벌 프로그램은 사내강사가 일반화되어 있어요. '성공하는 사람들의 일 곱가지 습관' 교육이나 여타 리더십 프로그램도 어느 정도 교육을 받고 강의 시연을 해서 통과하면 회사 안에서 강의할 수 있게 해줘 요. 제가 수년 전 싱가포르에 가서 4박 5일간 교육받고 사내강사 자 격을 취득한 리더십 프로그램이 있었어요. 거시서는 3일간 강의를 하고 4, 5일 차에는 참가한 사람들이 시강을 하고 피드백을 받아요. 그렇게 할 수 있는 이유는 퍼실리테이터가 온전히 체화하지 않더라 도 전달하고자 하는 메시지나 콘텐츠를 있는 그대로 설명하기만 하 면 되기 때문이에요. 즉, 지식 전달이 목적이죠.

그런데 비폭력대화는 지식 전달만으로는 안 되는 것 같아요. 저 도 직원들 앞에서 비폭력대화 강의를 할 수 있겠다고 마음먹은 게 배우고 5년 만이었으니까요. 제 자신에게 엄격했을 수도 있고 확신 이 필요했을 수도 있는데, 그 정도로 비폭력대화는 다른 리더십 프 로그램과 다르긴 해요. 그렇지만 수요는 분명히 있을 것 같아요.

아쉬움도 커요. 코칭이 많이 부각되고 사람들이 인식을 많이 하게 된 계기는 LG전자 소속 본부 한 곳에서 팀장들에게 KAC 자격을 취득하라고 한 거였어요. 그게 KPI Key Performance Indicator(핵심성과지표) 중의 하나가 되었어요. 그런데 안타깝게도 자격을 취득하고 나서 더 나아가지 못하는 경우가 많아요. 그래서 NVC적 접근을 가미하면 좀 더 풍성했을 텐데 하는 생각을 요즘 하고 있어요.

코칭에서는 고객이 기존의 관점과 행동을 바꾸는 게 중요한 포인트이고, 코치가 혜안을 가지고 방법을 제시하는 게 아니라, 고객이 갖고 있는 내면의 자원을 발견할 수 있도록 돕는 거예요. 그런 발견의 과정이 잘 작동하기 위해서는 고객과 잘 연결돼야 하는데, 제대로 연결하는 데 필수적인 게 공감이에요.

기업에서 강의할 때는 보통 어떤 분위기인가요.

제가 LG에서 수업할 때는 1시간 정도만 설명하고 이후에는 참가자들끼리 얘기하게 했어요. 그게 팔짱 끼고 듣기만 하며 앉아 있는 것보다는 낫거든요. 실습이 끝나면 돌아가면서 얘기를 나누어요. 그럼 서로 공감되니까 웃고 마무리하죠. 비폭력대화 강의는 의사소통 트랙에 있었고, 진급교육이 아니라 학교로 치면 교양수업이었어요. 서너 시간 또는 하루 과정이니까 대부분 하루 일 안 하고 쉬다 와야지 하는 마음으로 들어 와요. 처음에는 자기 얘기를 하라고 하니까, 그런 줄 알았으면 안 왔을 거라고 이야기하는데, 막상 끝날 때는 많은 분들이 다른 동료들과 함께 올 걸 그랬다고 얘기해요.

NVC3까지 듣고 내용은 어지간히 이해했는데, 삶에서 변화가 느껴지지 않으니까 누구 앞에서 비폭력대화를 얘기할 수 있겠나 싶었어요. 그러다 어느 순간 확신이 덜 들더라도 이제는 해야 되겠다 싶었어요. 그때 저에게는 중재 과정이나 라이프 등 후속 프로그램에 대한 정보가 없었어요. NVC3만 하면 다 끝나는 줄 알았어요. 그때 그 과정을 들었다면 좀 더 체화됐겠구나 하는 생각이 들어요. 어쨌든 제 나름의 시간을 거쳐 당시에 회사 동료들에게 알려줘야겠다는 마음이 생겼어요.

마셜 선생님 강의도 인상적이었어요. 리더십 프로그램에서는 주위를 확 끌고 목소리도 높였다 낮췄다 하는 식의 강의가 잘 하는 거라고 말했는데, 마셜은 기타를 치기도 하고 의자에 앉아서 조곤조곤 얘기를 하는데, 그 모습이 충격적이었어요. 그렇게 강의를 해도 사람들의 주목을 유지할 수 있다는 게 놀라웠는데, 그게 저한테도 어느 정도 익숙한 방식이라 확신이 생겼어요. 분명한 메시지가 있고 그걸 참가자들과 진정성 있게 공유하는 게 중요하다고 본 거죠.

가정에서도 비폭력대화를 시도해보셨나요.

NVC1 수업 첫 시간에 느낌욕구 카드를 보고 '와! 이런 게 다 있네!' 싶었어요. 바로 카드를 구입해 집에 가지고 와서 아내하고 아들, 딸을 다 모았어요. 3시간 수업을 했으니 당연히 뭔가가 남았겠지 싶어서 시도를 했는데, 완전히 폭망했어요. 아내가 "어디서 또 이런 걸 배워가지고 우리를 실험 대상으로 삼냐"고, 하지 말라고 하더라구요. 첫 시도는 실패였지만, 비폭력대화는 내가 몰랐던 것들이 잘 정리되어 있는 프로그램이라는 생각이 머릿속에 계속 남더라고요.

회사를 나오신 이유는 코칭에 집중하고 싶으셨던 건가요.

코칭을 제대로 해보고 싶었어요. 비폭력대화와 코칭은 많이 겹쳐요. 코칭에서는 내가 온전히 내 삶의 주인이 되는 그런 마음을 계속 건드려요. 배움의 단계가 조금 올라가니 '당신은 삶에서 뭘 얻고 싶습니까?' 이런 질문을 받았어요. 그때만 해도 '지금 회사 다니며 밥벌이하고 있으니 나중에 나가게 되면 그때 가서 생각해 보자'는 생각이었죠. 그러다가 20년 안 채우고 2023년에 회사를 나왔어요. 사실 그렇게까지 오래 회사에 있을 거라고는 생각하지 않았던 거 같아요. LG에 있으면서 조건이 불만족스러웠다기보다는 답답함이 있었어요. 회사에 있으니 만날 수 있는 사람이 한정돼 있고, 바깥에 있는 사람들을 만나려면 주말이나 저녁 시간, 휴가를 써야 되는 게 불편했어요. 월급날 기다리면서 조직내의 역할에 갇혀 있는 게 아니라, 회사 바깥에 있는 사람들과 자유롭게 만나고 싶다는 생각이 들었어요.

회사에서는 꽤 배려를 해줬어요. 마지막 1년은 퇴직 후를 준비하라는 분위기였는데, 제 성향상 그렇게는 못 하겠더라구요. 그럴 거면 바로 그만두지 왜 남아서 월급을 축내냐는 생각에 마지막 1년을 가장 바쁘게 보냈어요. 몸이 안 좋은 지금의 저를 만든 시기가 그때가 아니었나 싶어요.

첫 사내 강의를 마치면서 전에 들었던 CT Certified Trainer(국제공인트레이너) 생각이 났어요. 강의를 해보니 제대로 자격을 갖춰 하면 더 좋겠다는 생각이 들었죠. 이만큼 배우고 나름대로 정리해서 한 강의에 대한 반응이 이 정도로 괜찮으니, 정식 트레이너가 돼서 제대로 하면 훨씬 더 좋겠다 싶었어요. 또 인증과정 자료를 보니까 강의를 잘하는 게 중요한 게 아니라, 삶 속에서 비폭력대화를 체화하는 게 더 중요하다고 하니, 그것도 저에게 필요한 것 같았고요. 그래서 무턱대고 캐서린 선생님에게 CT 신청 메일을 보냈어요. 몇일 후 "관심 가져 주셔서 감사합니다. CT가 되려면 이러이러한 것들이 필요합니다"라고 답장을 보내 주셨는데 깜짝 놀랐어요. 회사 생활하면서 당장 하기는 힘들 것 같았거든요. 그래서 코로나를 핑계로 묵히고 있다가 작년에 캐서린 선생님이 몇 년 전 제가 보낸 메일을 보시고는 아직도 관심이 있다면 경주에서 열리는 IIT에 참석해보라고 권해 주셨어요. 그래서 다시 연결된 거죠. 캐서린 선생님을 보면 비폭력대화에 대한 열정과 사명감을 가지고 평생을 사시는 것 같아서 존경스러워요. 저도 거기에 일조하고 싶은 마음에 CT에 다시 도전하기로 했어요. CT가 되면 IIT에 트레이너로 참여할 수 있다는 것도 매력적이에요. 작년 경주 IIT 경험이 참 좋았거든요. 해외 트레이너들과 직접 얘기할 기회는 많이 없었지만, 비폭력대화라는 토대 위에 자신의 전문 분야를 얹어서 사람들과 나누는 게 의미 있고 재미있게 보여서 저도 해보고 싶어요.

사내 교육 담당자로서 비폭력대화를 배웠지만, 비폭력대화를 삶으로 살아내고자 오랜 시간 묵히다가 5년 만에야 사내교육을 시작하신 김상학 님! 자신이 진정으로 원하는 코치로서의 삶을 살기 위해 이른 퇴사를 하고 새길을 열어가고 계신 김상학 님이 비폭력대화 국제공인트레이너가 되어 비폭력대화의 멋진 장을 펼치시길 기대합니다.

사내에 비폭력 리더십을 심고 싶은
해외 영업맨

—

김영준

김영준 님(국내기업 중남미 지사장)은 제가 스탭으로 참여한 2025년 라이프 과정에서 만났습니다. 김영준 님은 2025년 6월 라이프 2차 워크숍을 마치면서 중남미 지사장으로 발령받았지만, 휴가를 내서 3, 4차 과정에 참여하고 라이프 과정을 수료할 거라고 말했습니다. 그리고 정말로 9월에 휴가를 내고 3차 워크숍에 오셨고, 현지에서 비폭력대화를 적용하여 연말까지 세운 목표를 3개월 만에 달성했다는 놀라운 소식을 전해주셨습니다.

하시는 일 소개 부탁드려요.

저는 25년간 국내기업에서 해외영업 담당으로 호주, 미국, 중남미, 유럽에서 다양한 전자 제품을 판매했어요. 직장생활의 반을 해외 주재원으로 있었는데, 미국에 두 번, 중남미에 한 번 주재원으로 나갔었고, 이번에 다시 중남미로 가게 되었어요. 2005년 과장이 된 이후 20년간 리더 역할을 했고, 지난번 중남미에서는 2019년부터 2022까지 4년간 지사장을 했어요. 지사장은 홍보마케팅부터 판매까지 모든 업무를 총괄해요. 그간 주재원도 하고 여러 리더 자리에 있었지만, 지사장은 완전 다른 차원인데, 성과가 좋았어요. 당시 저의 경영방식은 탑다운이었어요. 전통적으로 한국기업에서 하는 방식으로 여전히 강력한 패러다임이죠. "안 되면 되게 하라, 불가능은 없다"는 식으로요. 언뜻 보면 스피릿기 있어 보이지만, 엄청 폭력적인 방식이란 걸 그때는 몰랐어요.

자신의 리더십이 폭력적이라는 건 어떻게 알게 되었나요.

요즘은 회사에서 360도 다면평가를 해요. 예전에는 윗사람만 아랫사람을 평가했는데, 이제는 위아래, 좌우에서 다 평가를 하는 거죠. 내가 하는 일을 많은 사람들이 평가하니까 되게 무서워요. 위로 올라갈수록 다면평가로 아웃되는 경우가 많죠. 제가 코칭과 비폭력 대화를 배운 건 이 다면평가와 관련이 있어요. 마지막 해에 저에 대한 다면평가에서 나온 말이 "늘 화가 나 있다, 빨리빨리 하라고 한다, 회의를 해도 답을 정해놓고 한다"였어요. 현지 직원들은 주재원이 4년 후에 돌아간다는 걸 알아서 첫해에는 평균 점수를 주고, 두 번째, 세 번째 해에는 후하게 주고, 마지막 해에는 아주 냉정하게 줘요. 마지막 해의 다면평가 결과를 받아들고 고민이 깊었어요. '나는 과연 어떤 리더인가? 나는 어떤 리더가 되고 싶은가?'

2023년 2월 큰 숙제를 안고 본사로 복귀했어요. 해외 주재원은 본사로 복귀하면 리더십 교육을 받는데, 리더십 교육프로그램 중 하나가 코칭이었어요. 두 시간짜리 교육이었는데, "열린 질문을 하라", "판단하지 말라"는 두 가지 말이 제 귀에 확 꽂혔어요. 저는 말하는 걸 좋아하고 밝고 쾌활하게 평생을 살았어요. 어렸을 때부터 칭찬을 많이 받았고 리더십 있다는 이야기도 많이 들었죠. 저와 함께 있으면 즐겁다는 말을 많이 들어서 저는 제가 '소통 천사'인 줄 알았어요. 그런데 열린 질문을 하고 판단하지 말라는 말에 제가 딱 걸린 거예요. 그 기준으로 보면 나는 '소통 악마'였던 거죠.

저는 빨리 판단하는 게 제 경쟁력이라고 생각했어요. 조직에서는 속도가 중요하니까 100가지 자료를 가지고 판단하는 게 아니라 있는 자료 가지고 빨리 판단하는 게 중요하다고 생각했어요. 그리고 속도가 빠르다는 걸로 좋은 평가를 받았어요. 사안뿐 아니라 사람에 대한 판단도 빨랐어요. 일은 결국 사람이 하니까요. 하지만 코칭을 공부하면서 빠른 판단 때문에 닮은 사람한테 폭력을 행사했다는 걸 알게 되었어요. 욕을 하고 때리는 것만 폭력이 아니라, 생각과 말과 행동으로 누군가를 판단하는 것도 폭력이라는 걸 알게 된 거죠.

저는 목표 지향적이라 업무는 업무대로 하면서 코칭을 제대로 하려고 열심히 했어요. 보통 KSC(800시간 실습 필요)가 5년에서 10년 걸린다는데 저는 2년 만에 취득했으니까요. 하루 네 시간씩 자면서 무지하게 실습을 했어요. 진짜 영혼을 갈아 넣었죠. 실습대상은 회사 동료와 일반인 등 650여 명 돼요. 한 번에 한 시간씩 매일 두 사람 이상을 코칭하면서 자격증을 땄는데, 한국코치협회뿐 아니라 국제코치연맹에서도 최단기 기록이라고 했어요.

그러다 작년 6월에 코치들의 영어독서모임에서 마셜 로젠버그의 책 《비폭력대화》를 만났어요. 70대 종교 출신으로 엄청나게 마음공부를 하시는 코치님이 추천하신 책이었는데, 2~3일 읽어 보니 그동안 제가 고민했던 문제에 대한 답이 다 들어 있더라고요. 좀 더 공부를 해야겠다 싶어서 알아보니 연습모임이 있어서 온라인 연습모임에 서너 번 참여했어요.

근데 저는 목표를 정하고 체계적으로 배우는 걸 좋아해서 어디서 배우고 어디서 공인을 받아야 하는지 정보가 필요했어요. 그래서 찾아보니 한국비폭력대화교육원이 있더라고요. 교육원 커리큘럼에 NVC1, 2, 3가 있는데, 작년 하반기에는 교육받을 시간이 없어서 올해 초 휴가를 몰아 쓰면서 모두 교육을 받은 후, 4월에 라이프와 중재를 신청해서 여기까지 왔습니다.

우선 '욕구'였어요. 코칭을 하면 사람들은 코치가 답을 준다고 생각하지만, 답은 고객이 스스로 찾는 거예요. 스스로 답을 찾게 하는 방법은 여러 가지가 있지만 가장 강력한 건 "당신이 진정으로 원하는 게 뭐예요?"라는 질문인데, 그게 바로 욕구인 거죠. 코칭에서는 '욕구'라는 말 대신 '북극성'이라는 표현을 써요. 그런데 코칭이나 마음공부를 하다 보니 결국 '욕구'로 가게 되더라고요. 인간은 욕구를 통해 하루하루를 살아가니까요. 이 욕구가 작년 하반기 저의 중요한 화두였어요.

빙산을 예로 들면, 우리 삶은 물 위에 떠 있는 빙산의 10분의 1만

보면서 갈등도 하고 행복도 느끼는데, 정말 찾아야 하는 건 그 밑에 있는 90%이고, 그게 바로 욕구인 거죠. 그 욕구가 뭘까 궁금해하면서 공부를 하기 시작했어요. 그중에 하나가 '버크만진단_{The Birkman Method}'으로, 200여 가지 질문에 기반해서 사람을 네 가지 유형으로 나누는 기법인데, 거기서 가장 중요한 게 욕구였어요. 그것도 공부해서 자격증을 땄죠.

그러다가 올 초 비폭력대화 수업을 들으면서 자기공감, 자기연결을 알게 되었어요. 제가 지금까지 공부한 것에는 이런 개념이 없었어요. 제가 코칭을 한 이유는 좋은 리더가 되고 싶은 욕구 때문이었는데, 비폭력대화를 통해 자기이해, 자기공감, 자기연결을 알게 되면서 그동안 답답했던 것에 대한 해답을 비로소 발견한 거예요. 이건 코칭에서도 강조 안 하고 상담에서도 얘기 안 하고, 오직 비폭력대화에서만 얘기해요. 제가 이해하기로 비폭력대화의 핵심은 자기이해, 자기공감, 자기연결이에요. 비폭력대화를 배우면서 나를 알아가고 나를 찾아갈 수 있다는 게 엄청난 발견이었어요. 그거 없이 다른 거는 무의미하다고 생각해요. 제가 쉰 다섯인데 이제야 비로소 저를 알아가고 있어요.

6개월간 비폭력대화를 공부하면서 개념을 어느 정도 이해하고 난 후, 해외 지사장으로 발령을 받았어요. 지사장은 이번이 두 번째인데, 저에게는 너무나 중요한 기회에요. 첫 번째 지사장 때는 성과는 좋았지만, 다면평가가 안 좋았어요. 그래서 이번에는 좋은 리더가 되어 좋은 평가를 받고 싶어요. 발령받은 후 저의 화두는 '어떻게 하면 좋은 리더가 될 수 있을까?'였어요. 이미 답은 내 안에 있었어요. '영준아, 2년 동안 열심히 코칭 공부했고 비폭력대화도 공부했잖아. 현장 가서 적용하면 돼.' 2025년 6월 라이프 2차 워크숍 마지막 날, 제가 사람들에게 말했어요. "코칭과 비폭력대화를 배운 그대로 적용하겠습니다. 그래서 새로운 리더로 태어나고, 연말까지 사업을 최소 두 배 성장시키겠습니다." 결론부터 얘기하면 3개월 만에 그 목표를 달성했어요.

구체적인 이야기가 듣고 싶네요.

좋은 리더가 되기 위해 우선 과거에 했던 '답을 정해 놓고 회의하는 것', '늘 화가 나 있는 것', '성질 급한 것' 등 이 세 가지를 되돌아봤어요. 한국에서도 이제는 저녁 다섯 시에 숙제 내주고 내일 아침 여덟 시에 보자는 거 안 하는데, 중남미 현지 사람들한테 그걸 요구했으니 그들이 얼마나 힘들었겠어요. 그래서 과거와 반대로 '혼자 판단하지 않고, 빨리빨리 하지 않고, 화내지 않기'를 실천하기로 했죠.

이걸 어떻게 실행할 수 있을까 고민하다가 제가 '제복'을 입으면 되겠다 싶었어요. 군인, 의사, 간호사는 제복을 입으면 프로페셔널 하잖아요. 그런데 코치나 비폭력대화하는 사람은 제복이 없으니 말로 해야겠다고 결심했죠. 출근 첫날, "나는 코치이고 비폭력대화 하는 사람"이라고 말하고, 이게 뭔지 설명했어요. 그리고 책상 위에 기린과 자칼 인형, 느낌욕구 카드를 세팅해놓고 지금 우리가 자칼로 살고 있는데 나는 기린을 지향한다, 우리 조직도 그렇게 갔으면 좋겠다고 두 번 더 얘기하고, 실질적으로 내가 무엇을 할 것인지, 직원들이 어떻게 하길 기대하는지도 말했어요. 별거 없어요. 가장 중요하게 생각했던 세 가지를 기반으로 얘기했어요. 화내지 않고, 판단하지 않고, 빨리빨리 안 하겠다, 그리고 가장 중요한 관찰, 느낌, 욕구, 부탁으로 말하는데, 직접 보고 들은 것만 얘기해라, 남한테 들었다든지 상상으로 말한다든지, 그럴 것이라고 짐작한다든지, 그런 거는 여기에 없다, 나부터 실천하겠다, 그렇게 얘기했어요.

저의 모습을 보고 스스로 동기부여가 되었다고 하더라고요. 사실 제가 한 건 별로 없어요. 혼자 판단 안 하고, 화 안 내고, 빨리빨리 안 시키고, 모든 것을 상식적으로 하겠다 선언하고, 그 말을 지켰을 뿐이에요. 중요한 건 매일매일 하는 거예요. 아침에 출근하면 저는 우리 조직의 밸류애드_{value add}*를 위해 내가 할 수 있는 일을 고민하고, 그걸 메일로 알린 후 실천을 했어요. 어느 날은 한 가지, 어느 날은 대여섯 가지일 때도 있어요. 대단한 건 아니에요. 회의 끝나면 회의실 정리하기, 회의 전에 물 갖다 놓기 등을 제가 하겠다고 했어요. 비서에게는 다른 업무를 주고요. 또 대부분 본사에서 오는 그때그때의 일들은 제가 하고, 실무자들에게는 고유 업무만 하라고 했어요. 그런 일을 할 때도 밸류애드를 위해서 하는 거라고 말했죠.

그리고 예전에는 직원들이 5~6시 사이에 퇴근했는데, 이제는 시키지 않아도 일이 끝날 때까지 여덟 시고 아홉 시고 일을 해요. 전에는 제가 근태 확인도 했어요. 너 열 시에 왔지? 점심 한 시간 반 먹었지? 하면서 체크하고 소명서를 쓰게 했어요. 물론 인사 담당자를 시켜서 모니터링을 했지만, 되게 폭력적인 거였어요. 지금은 다 없애버렸어요. 처음부터 자율적인 근무환경을 만들면 좋겠다, 스스로 목표를 정하고 스스로 업무 해결안을 도출하는 조직문화를 만드는 것이 내 궁극적인 목표라고 얘기했더니 조직이 더 자율적으로 돌아가고, 야근비도 안나오는데 알아서 야근을 하더라고요.

---

* 　자산이나 사업의 가치를 높이는 모든 활동을 의미한다.

밸류애드는 지금까지 없던 새로운 가치를 창출하는 건데, 제가 코칭과 비폭력대화를 하는 중요한 이유는 조직 문화를 바꾸기 위해서예요. 조직 문화를 바꾸는 데 핵심은 리더에게 있어요. 전에는 지시하고 채찍질을 했다면, 이제는 참여형으로 제 스탠스를 바꾼 거죠. 돌아보니 중요한 건 일관성이었어요. 사람들은 말과 행동에서 일관성을 보이면 신뢰하고 감동하는 것 같아요.

이런 방법을 현지 직원뿐 아니라 주재원이나 한국에 있는 사람들한테도 똑같이 했어요. 비즈니스는 혼자서 한다고 되는 게 아니라 시간, 돈, 사람 세 가지가 필요해요. 그래서 이해관계자들에게 요청을 많이 했는데, 그걸 관찰, 느낌, 욕구, 부탁으로 했던 거죠. 즉, 일을 하는데 이거 때문에 힘들다, 목표 달성을 하려면 이런 게 필요하니 해주면 좋겠다고 말해요. 전에는 의욕만 앞서서 협박성 발언으로 강요를 했다면, 이번에는 비폭력대화 방식으로 객관적인 팩트를 정리한 후 우리가 가고자 방향은 이거니 이런 걸 지원해 주면 이렇게 될 거라고 구체적이고 중립적으로 근거를 제시한 후, 어떻게 생각하냐, 어떻게 하면 좋을까 하면서 상대에게 판단을 맡겼어요. 그렇게 해서 협력자들을 많이 얻었고, 그렇게 협력자들이 생기니까 시간과 돈이 따라오더라고요. 3개월만에 두 배로 성장한 이유는 비폭력대화적 접근을 통해 지원금을 많이 받았기 때문이에요. 협력자들로부터 받은 추가지원금으로 판촉 프로모션을 해서 시간을 앞당겨 목표를 초과달성할 수 있었던 거죠.

전에는 협력기관에 강요하는 식이었다는 거죠?

그랬었죠. 물론 근거 자료에 기반했지만, 일은 사람이 하잖아요. 이거 안 하면 매출이 이만큼 떨어질 거라는 협박성 메시지가 많았고, 요청도 부정적으로 했어요. 그런데 비폭력대화에서 배운 그대로 긍정적 메시지로 접근했어요. 지원을 안 해주면 안 되는 걸 얘기하는 게 아니라, 이런 지원을 하면 이렇게 좋아진다고 얘기했어요. 어제 굉장히 큰 소식이 있었어요. SNS 마케팅 관련해서 새롭게 추진하는 일이 있었는데 한 달 만에 어제 부사장 승인이 났어요. 옛날에는 바로 의사결정자에게 전화해서 빨리 해달라고 그랬는데, 지금은 중간 실무자들을 건너뛰지 않아요. 이들을 제껴버리면 나중에 원성을 살 수 있기 때문에 단계적으로 접근을 했어요. 비폭력대화적으로 접근을 한 거죠.

중간 단계를 밟아가는 게 어떤 의미에서 비폭력대화스러운가요.

중간 실무자의 의견을 존중하고 수용하는 거죠. "과장님에게 그런 이유가 있었군요"라고 먼저 공감을 한 거예요. 예전에는 내가 원하는 답이 안 나오면 "너 제대로 본 거야? 진짜 못해줘?" 이러면서 내

포지션으로 사람을 밀어붙였어요. 그런데 담당자를 공감해 주니 그들이 내 편이 되더라고요. 거절해 놓고도 뭔가 도와주려고 살펴요.

김보경 선생님이 한 시간 반 강의를 하셨는데, 제 목표는 인사 담당자들의 호응을 얻는 거였어요. 그런데 강의가 끝나자마자 인사 담당자가 바로 제게 연락해서는 강의가 너무 좋았다면서 강사님에게 직접 연락해도 되느냐고 묻더라고요. 제 꿈은 우리 회사 전 직원이 최소한 NVC1을 듣게 하고 코칭도 KAC를 취득하게 하는 거예요. 앞으로 제가 10년은 더 회사에 있을 것 같은데, 그 꿈을 달성하기 위해 하나씩 해보려고 해요. 제가 너무 시행착오를 많이 했기 때문에, 회사에 좋은 리더가 많이 생겼으면 좋겠어요.

제가 얼마 전 제주 올레 리더십 프로그램에 참여해서 두산의 박용만 회장님 특강을 들었는데, 두산은 회장님부터 비폭력대화를 배우신 후 고과성적이 높은 사람부터 배우게 했다고 하네요. 선생님이 그 역할을 해주신다니 대단히 감사합니다. 마지막으로 선생님이 기업에서 펼치고 싶은 꿈에 대해 좀 더 듣고 싶습니다.

저에게는 성취, 인정, 존재감이 굉장히 중요해요. 그런 욕구 때문에 에너지가 생기는 거 같아요. 좋은 리더가 되고 싶어서 코칭과 비폭력대화를 시작했는데, 이를 더 많이 전파하고 싶어요. 그 일환으로 시작한 게 사내 코칭동아리에요. 코칭동아리의 비전은 전 임직원이 KAC 자격을 취득하는 거예요. 언제까지라고 정하지는 않았지만, 일단 1단계 목표는 2028년까지 천 명으로 정했어요. 관련해서 인사팀과 나눈 이야기가 있는데, 입사할 때 KAC 자격이 있으면 가점을 주고, 10년 차 과장급인 CL2 레벨이 되기 위해서는 KPC, 부장급인 CL4 레벨이 되려면 KSC를 필수로 하면 어떨까 하는 이야기도 나눴죠.

저희 회사는 전 세계를 대상으로 비즈니스를 하기 때문에 창의적인 발상이 더욱 필요하고 그러려면 코칭이 필요해요. 단지 경영진을 대상으로 하는 코칭이 아니라, 모든 직원들이 창의적으로 업무를 할 수 있는 분위기를 만들고 조직 문화를 개혁하기 위해 코칭을 활용해야 한다고 인사팀에 얘기했고, 그들도 이해했어요.

저희 어머니가 환경보호주의자라 식당에 가면 남은 음식을 비닐봉지에 싸오셨어요. 해외여행 가서도 그러셨죠. 70년대 못사는 시절도 아니고 제발 그러지 말라고, 아버지도 어머니랑 너무 많이 싸웠는데, 언젠가부터는 아예 편하게 담으시라고 자개 반합을 준비해드렸어요. 그래서 해결되었다고 생각했는데 계속 마음에는 불편함이 남아 있었어요. 어제 수업하면서 그 마음을 살펴봤더니 불편한 느낌 밑에는 '자기보호'의 욕구가 있고, 그게 기억과 연결이 되더라고요.

아버지는 서울 살다가 강원도 탄광에서 일하셨어요. 우리 3남매를 키우기에는 환경이 안 좋아서 형만 부모님과 태백에 있고 저는 시골 셋째 외삼촌댁에서, 여동생은 큰외삼촌댁에 가서 1년을 살았어요. 그때 외숙모가 저를 많이 구박했어요. 외삼촌이 일하러 나가면 얼굴을 꼬집고 혼을 내니까 제가 광이나 거름 만드는 곳에 숨어 있었어요. 저는 그때도 어른들이 노래 부르라고 하면 벌떡 일어나 노래 부르고 아무거나 잘 먹어서 어른들한테 귀여움을 많이 받았는데, 유일하게 숙모만 저를 구박했어요. 다행히 1년 만에 집에 돌아왔고 그때 일을 다 잊고 살았는데, 워크숍에서 나를 자극하는 언어를 찾다가 50년 전에 숙모가 나한테 했던 "그게 아니고"가 떠오르면서 눈물이 나더라고요. 그때 나에게는 '자기보호'가 정말 중요했다는 걸 알았어요. 그러면서 어머니가 식당에서 남은 반찬 싸올 때 화가 났던 것도 엄마를 사랑해서가 아니라 나를 보호하기 위해서였다는 걸 알게 되었어요.

이런 자기공감, 자기연결 능력이 기업 현장에서 필요한 건, 자기공감하고 자기연결하는 사람들이 남들과 더 쉽게 연결할 수 있기 때문이에요. 저는 그런 믿음이 있어요. 그게 바로 마셜의 가르침일 거에요. 저는 이걸 회사에 접목하고 싶어요. 제가 만든 리더십 이름이 있는데, 바로 비폭력 리더십이에요. 비폭력 리더십을 기업에 심는 것, 그게 저의 중요한 목표에요.

본인의 회사에 '비폭력 리더십'을 심고 싶다는 김영준 님 말씀이 너무나 반갑고 감사합니다. 나를 알고 상대를 아는 대화법이라는 의미에서 '지피지기 대화법'이라고 이름 붙여주신 것도 든든합니다. 코칭과 비폭력대화를 통해 리더십을 새롭게 만들어 가시는 김영준 님의 여정을 즐거운 마음으로 지지합니다.

'연민의 힘'으로 관계를 맺고 푸는
주거복지 공공기관장

—

서종균

서종균 님은 저와 대학원 동문으로 민간연구소인 한국도시연구소 소장을 거쳐 서울주택도시공사의 주거복지처장과 주택관리공단 사장을 역임했습니다. 2015년, 서울시에 있는 노인공동주택의 갈등 중재를 의뢰받은 적이 있습니다. 그때 퍼뜩 공공임대주택에서도 갈등 중재를 해볼 수 있겠다 싶어 당시 서울주택도시공사 주거복지처장으로 일하고 있는 서종균 님에게 연락을 했고, 그때부터 지금까지 비폭력대화를 통한 인연을 이어가고 있습니다.

경기도의 전세사기피해지원센터가 발주한 연구과제를 하고 있어요. 전세사기 피해주택은 집주인이 없어서 유지관리가 안 돼요. 피해당한 사람들이 집주인을 고발해서 조사를 받거나 감옥에 간 상태라 주택 관리를 못 하는 거죠. 현재 지방정부가 나서서 주택 관리에 대한 지원을 하라는 법안을 만들고 있는데, 곧 통과될 것 같아요. 지금 하는 연구는 전세사기 피해자들의 주택관리 실태를 파악하고 지방정부가 지원하거나 주민들이 합의해서 문제를 해결하면서 계속 살 수 있게 하는 방안을 찾는 거예요.

2000년대 초반에 유학 간 아내를 따라 6년 정도 영국에서 살았는데, 그때 상담 교육을 받았어요. 집에 돌아와 교육 내용을 아내와의 대화에 적용해보니 재미있더군요. 그리고 2008년 영국에서 돌아온 후에 NVC1 교육을 받았어요. 교육을 받은 이유는 당시 연구하던 홈리스와의 대화기술을 배우기 위해서였는데, 속마음은 가족 간의 대화를 개선하고 싶은 욕구가 더 컸어요. 당시 선릉에 있었던 비폭력대화교육원에서 수업을 들었는데 자칼 인형을 가지고 딸에게 고함친 이야기를 했던 기억이 나네요. 강사가 젊은 분이었는데 되게 즐거웠어요. NVC2는 2016년 서울주택도시공사에 있을 때 들었고,

NVC3는 주택관리공단에서 일하던 2024년 초에 들었어요. 그러고 보니 8년마다 들었네요.

부부관계 개선에 큰 계기가 되었어요. 수업을 들을 때마다 내가 조금씩 변하는 게 느껴졌거든요. 일하면서 만나는 사람들과의 관계에서도 듣는 방식이 달라지는 것 같았어요. 여유있게 사람들을 만나는 데 굉장히 큰 도움이 되었죠.

비폭력대화를 배우긴 했지만 조직적인 문제 해결 가능성에 대해서는 의문이었어요. 현장의 갈등은 주민과 관리자들 간의 갈등, 주인과 주민 사이의 갈등인데, 그런 갈등과 비폭력대화가 연결될 거라고는 생각하지 못 했던 것 같아요. 임대단지의 갈등은 좀 힘들어요. 사람들도 이야기할 준비가 안 돼 있다고 생각했죠. 비폭력대화가 좋은 대화방법이긴 하지만, 모든 현장에 다 적용할 수는 없을 거라고 생각했던 것 같아요. 그런데 통화 직후 해결해야 할 문제가 생겼어요. 문제가 생기면 이 방법, 저 방법을 생각해 보고, 조금 다른 관점에서 상황을 바라보면서 해결 방법을 찾다가 그중에 나은 것을 고르게 되는데, 그때 번쩍 비폭력대화가 생각이 났죠. 다행히 잘 진행해 주셔서 문제가 평화롭게 해결되었어요.

> **그 일 이후 또 다른 건으로 연락을 주셔서 기업 경험이 있는 강사 선생님을 연결해 드렸었죠.**

그랬었죠. 공사에는 12개 지역센터가 있는데 어떤 센터에서 한 팀장 때문에 다른 직원들이 힘들어하는 일이 생겼어요. 그 팀장과 조직의 문제를 풀고 싶어서 방법을 찾다가 다시 연락을 드렸고, 교육보다는 코칭을 제안받았어요. 그런데 내부 논의 결과 한 명만 코칭을 하거나 그 센터만 교육을 하면 그 사람이 과도하게 주목받게 될까 염려가 되었어요. 그래서 팀장 훈련의 일환으로 '리더십코칭'이란 표현을 쓰고 진행하기로 했어요. 저도 코칭을 받기로 했구요. 교육대상을 지역센터 팀장으로 했지만 강제적이지 않으면 좋겠다고 생각해서 처음엔 다 참가하되 자신과 안 맞으면 중간에 그만둘 수 있도록 했는데, 그 팀장은 초기에 그만두고, 나머지 사람들도 한두 번 하고 그만뒀어요. 끝까지 한 사람은 저밖에 없어요.

1인당 10회기로 한 번에 2시간 동안 대화하는 방식으로 권영선 선생님이 모든 센터를 돌아가면서 진행했어요. 저는 코칭 대화가 너무 좋았죠. 이야기하면서 눈물도 두어 번 흘렸고요. 아직도 기억에 남는 게 있어요. 제 특징이 뭐라고 생각하냐는 질문을 받았을 때 제가 '연민'이라고 말했거든요. 그때 발견을 잘한 것 같아요. 연민이 내 힘이라고 생각하고 나서부터는 일을 할 때 힘이 느껴졌어요. '내가 그런 사람이구나' 생각하면서 사람들과의 관계를 풀기도 하고 문제를 바라보게도 되더라고요.

비폭력대화의 핵심이 바로 연민인데, 그걸 인식하면서부터 내면의 힘이 느껴지셨다니 놀라워요. 듣다 보니 의문이 드는데요, 팀장들은 왜 중간에 대화를 중단했을까요.

50대 남성, 조직 문화에 익숙한 사람들의 특성이 아닐까 싶어요. 공사에서 일하는 분들에게 중요한 것은 소시민으로서의 안전한 삶이었을 겁니다. 조직에는 변화를 원하지 않거나 새로운 시도를 즐거워하지 않는 사람들이 많아요. 50대 정도 되면 대부분 호기심 같은 게 없더라고요. 그렇지 않은 사람은 굉장히 예외적이죠. 새로운 교육에 대한 기대가 있어야 하는데 원치 않게 끌려온 데다가 1대 1로 자기 이야기를 계속해야 되잖아요. "지난주에 뭐 했어요?" 또는 "선생님 생각은 어떠세요?"라고 질문을 받으면 "이런 일이 있었는데, 이건 좀 후회돼요" 이런 식으로 얘기를 해야 되잖아요. 자신을 드러낼 각오를 해야 하는데, 변화의 의지가 없는 사람들한테는 불편한 과정이었을 거 같아요. 저는 굉장히 즐거웠고 일주일이 기다려졌어요. '오늘은 어떤 느낌일까?' 늘 설렘이 있었죠.

생각이 명쾌하게 정리되고 감정이 굉장히 잘 정리되었어요. 이후 가끔씩 그때 생각이 나죠. 특히 주택관리공단 사장으로 가기 전에 '내가 왜 공단에 가야 할까' 하는 생각을 정리할 때 그랬지요. '그곳에는 아픈 사람들이 많다, 그게 내가 사장으로 가는 이유 중 하나다. 그 사람들 돕는 것만 해도 좋은 일이다. 가서 상처받은 사람들을 잘 다독이면서 일하자. 그런 기회가 살면서 많지는 않을 거다.' 그렇게 생각이 정리되었어요.

권영선 선생님이 법원에서 가사조정하는 일을 이야기해 주셨는데, 재밌다는 생각을 했어요. 조직에는 기존의 사고방식이 있는데, 법원에서 그런 시도를 했다는 게 참 신선했어요. 이후에 《프리즌 서클》이라는 책을 읽었는데 대화를 교도소에서 적용한 이야기였어요.

이 책에서는 '비폭력대화'가 아니라 '서클'이라는 표현을 썼어요. 책을 읽은 후 '비폭력대화가 적용 안 되는 사람은 없을 거 같다. 제일 마지막 사람한테도 적용할 수 있겠다'는 생각이 들었어요. 그리고 이런 생각도 들었어요. '우리 공사가 사회에 좋은 일을 많이 하는데, 내부 관계도 편안하면 참 좋겠다, 그러면 우리 사회가 이 조직의 덕을 참 많이 볼 텐데…'

서울주택도시공사에 6년 있다가 6개월 후 주택관리공단 사장으로 갔어요. 공단에는 2년 8개월 있었는데, 제일 마음이 쓰인 건 아파트 관리사무소에서 욕먹는 직원들이었어요. 수시로 욕을 먹으면 너무 불행하게 느껴지겠다 싶었어요. 아파트 관리사무소는 사람들이 존중받으면서 일하는 여건이 안 돼요. 그런데 주민들에게 욕까지 먹으면 '뭘 하려고 여기에 있나' 하는 느낌을 받겠다 싶었어요. 그런 환경을 바꾸는 게 사장의 제일 든 역할이라고 생각하고, 기회가 있을 때마다 열심히 말했어요. 사장이 일회성이 아니라 지속적으로 얘기하니까 자기들 처지를 이해하고 개선하려고 노력한다고 인정해 주는 듯 했어요. 직원들과 마음이 통한다는 느낌을 받았죠. 그게 공단에 가서 한 일 중 제일 잘한 거라고 생각해요.

제가 직원 보호를 첫 번째로 삼게 된 계기가 있는데, 신입사원과의 대화였어요. 40명과 온라인으로 대화를 하는데 한 직원이 ‘저 너무 억울해요’ 하면서 울었어요. 그 후 억울한 직원이 안 나오게 만들자는 말을 2년간 반복적으로 이야기했어요.

잘못한 게 없는데 욕먹은 거였어요. 회사 내부에서 욕먹는 경우도 있지만, 비중으로 따지면 99 대 1로 주민들한테 욕먹는 경우가 많아요. 업무 스트레스보다 민원 스트레스가 월등히 많죠. 그래서 민원 스트레스가 줄면 업무 효율이 높아질 거라고 생각해요. 욕을 한 시간 정도 듣고 나면 아무 생각이 없어져서 반나절이나 하루가 날라가요. 직장에서 의미 있는 일을 한다고 느껴야 하는데, 직원 보호가 안 되는 상태에서는 아무것도 가능하지 않은 거죠. 그래서 욕을 안 먹게, 적어도 얻어맞지 않게 하는 것부터 하겠다고 생각했어요. 그 후 아파트단지를 방문하면 비상벨이 설치되어 있는지, 민원인이 불쑥불쑥 안 들어오게 출입문에 차단장치가 있는지, CCTV는 잘 녹화되고 있는지, 전화기에 녹음 장치가 달려 있는지. 녹음 장치를 실행해 본 적이 있는지 등을 확인했어요. 그리고 콜센터에 들어오는 민원들을 보면서 관리소에 전화해서 관심을 보이고, 상처받은 직원이 어떤지 물어봤어요. 또 악성 민원대장을 보면서 작년에 당한 직원이 현재도 같은 단지에 계속 근무하는지 물어보고 대책을 수

립하도록 했어요.

저는 예전에 임대주택 관리사무소에서 인간 취급 못 받고 무시당했던 입주민들을 많이 만났고, 그들을 조직해서 임대주택법을 바꾸고 임차인대표회의를 도입하는 일을 했어요. 그러다 공단에서는 완전히 반대쪽에 선 거예요. 악성 민원의 원인은 여러 가지가 있겠지만, 우선 입주민들 상황이 어렵기 때문일 겁니다. 대부분 가난, 소외, 질병 등이 결합한 현상일 것 같아요. 폭력을 당했거나 젊을 때부터 폭력을 행사한 경험이 있는 사람들도 있고, 치매 초기라 계속 민원을 넣는 경우도 있어요. 한때 잘 나가던 사람들이 나이 들고 가난해져서 성격이 험악해진 경우, 그 안에서 소위 '대장질'을 하고 싶어 하는 경우 등 여러 가지가 섞여 있어요. 어디선가 이야기를 잘 들어주면 안 그럴 사람들이 제법 많을 거예요.

그렇지만 저는 우리 직원들을 먼저 돕는 게 입주민을 돕는 일의 출발점이라고 생각했어요. 직원들 다음이 편하고 안전하다고 느껴야 주민들에 대한 태도가 달라지지, 언제든지 고함과 행패를 당할 수 있다고 두려워하면 주민과의 관계도 안 풀리고 도울 수가 없어요. 그래야 민원인이 뭐라고 하더라도 여유 있게 대응을 할 수 있어요. 예를 들어, 예전에 임대료 연체로 퇴거 절차를 진행하는 직원들은 임대료가 연체된 사정까지는 물어보지는 않았어요. 저는 직원들에게 우리의 업무는 임대료 납부 독려나 퇴거 조치가 아니라 체납 원인을 확인하고 필요한 지원을 하는 것이라고 말하고, 이걸 목표로 우리 조직이 임대료와 관련해서 어떻게 반응하는지를 지켜봤어요. 2년 반이 지나니 직원들의 태도가 달라지기 시작했어요. 사람들과의 관계에서 여유가 생기니까 그렇게 할 수 있었던 거죠. 결국 우리 직원들을 보호하는 게 입주민을 돕는 방법이었던 거예요.

그 얘기를 들으니 공단에서 있었던 즐거운 일이 생각나네요. 영구임대아파트에는 109명의 주거복지 전담 인력이 있어요. 단지마다 한 명씩 배치되어 정신질환자나 알콜중독자, 퇴거위기가구 상담 역할을 하고 있어요. 그분들 역할 중 제일 중요한 게 관리소 직원들이 어려워하는 사람들을 응대하는 것이었어요. 관리사무소에서는 술 먹고 행패 부리는 사람, 말도 안 되는 고집을 피우는 사람, 집에 쓰레기 쌓아놓은 사람들을 제일 어려워하는데, 이런 사람들을 응대해주면 민원의 질은 크게 변할 거고, 관리소에서 제일 어려워하는 일을 해주기 때문에 관리소 직원들도 이분들을 좋아할 수밖에 없다고 생각했어요. 그런 생각으로 직원들이 가장 어려워하는 일을 먼저 맡겼는데, 그로 인해 관리소 직원들이나 입주민들과의 관계도 상당히 좋아졌죠. 그제서야 동네 문제가 조금씩 줄어드는 느낌이 들더라고요.

이미 몇 개 단지에서 비슷한 시도를 해오고 있었어요. 그런데 제가 부임한 직후 영구임대단지에서 정신질환자로 인한 사건이 발생했어요. 그 일에 대해 정치권에서도 관심을 가졌는데, 당시 정책위원장이 임대단지에 정신질환자가 많다고 말해서 비난받은 일이 있었거든요. 그 후 대책 논의 과정에서 영구임대단지에 주거복지 전담인력을 파견하면 정신질환자 문제에 대응할 수 있다고 저희가 이야기를 했고, 그걸 국회에서 밀어줘서 기재부로부터 예산을 받았어요. 그 예산으로 영구임대단지에 전담인력을 한 명씩 배치할 수 있게 된 거예요. 그리고 눈에 띄는 성과가 나왔죠.

그렇죠. 아주 극적인 상황이 있었어요. 아파트단지 앞에서 늘 술을 마시던 남자분 여섯 명과 그분들이 꽃꽂이를 했어요. 술 마시는 남자들이 꽃꽂이를 했다니 상상이 잘 안 되겠지만 너무 좋아했대

요. 그리고 다신 술 안 먹겠다며 술 마시던 자리에 화단을 만들었다
고 해요.

소위 '문제주민들', 늘 화가 나 있고 고립된 사람들의 말에 귀를
기울여주는 사람이 동네에 한 명만이라도 있으면 동네가 달라져요.
동네에는 복지관도 있고 사회복지사도 있지만, 그들이 감당할 수 없
는 상태의 사람들이 있어요. 그래서 주거복지 전담인력에게 당신들
과제는 이런 사람들을 만나는 것이다, 되든 안 되든 계속 가봐라, 문
을 안 열어줘도 일주일에 한 번씩 가서 안부라도 물어라, 그러면 서
서히 관계가 생기고 서너 달 후에는 변화가 생길 거다, 그렇게 말하
고 역할을 주었는데, 정말 놀라운 결과를 만들어낸 거죠.

제가 남성연습모임을 진행하는데 보험회사에서 민원담당자로 오래 일하
신 분이 오셔요. 어떻게 하셨길래 그 힘든 일을 오래 하셨냐고 물어보니,
일단은 불편을 끼쳐서 죄송하다고 사과하고 무조건 공감한 후, 최대한 빨
리 처리하겠다고 말하면 악성 민원인이 고객으로 바뀐다고 하더군요. 그
런데 초기 대응을 잘못하면 민원이 더 큰 민원을 불러오는 사태가 생긴다
고 하네요. 예를 들어 "규정상 어쩔 수 없습니다", "이건 우리가 할 수 있는
일이 아닙니다"라고 하면 온갖 수단, 방법을 동원해서 추가 민원을 넣는데

요. NVC1 수업에 나오는 '공감을 방해하는 10가지'가 바로 민원이 민원을 불러오는 말이더라고요. 그런데 공감하는 말을 하면 고객의 반응이 금방 달라진다고 해요.

저도 주택관리공단에 있을 때 사람들이 비폭력대화를 배우면 좋겠다는 생각을 많이 했어요. 이제는 제가 도움을 많이 받았으니까 조직 내 다른 사람들도 도움을 받으면 좋겠다 싶어요. 그리고 비폭력대화를 배운 사람들이 조직 내 군데군데 있으면 조직 문화가 조금씩 달라지지 않을까 하는 바람을 갖습니다.

인터뷰의 묘미는 사람을 좀 더 자세히 알 수 있다는 것입니다. 오랫동안 아는 사이였는데도 인터뷰를 통해 새로운 이야기를 들었습니다. 다른 남자들보다 부드러운 사람이라고 생각했는데 아니나다를까 '연민의 힘'을 갖고 계신 게 자신의 특징이라고 하시네요. 그걸 인식한 이후로 사람들과의 관계에서 단단한 힘을 느끼게 되었다는 말도 놀라웠습니다. 임대단지에서 대하기 힘든 사람을 공감으로 대해주는 주거복지 전담인력 이야기도 감동적이었습니다. 매일 술만 마시던 사람들을 꽃꽂이를 하게 만들고 술 마시던 자리를 화단으로 바꾸게 할 정도로 공감에는 아름다운 힘이 있음을 새삼 알게 되었습니다. 이 소식이 널리 퍼져서 외롭고 분노에 찬 사람들을 공감으로 돌보는 이들이 더 많아지기를, 그래서 우리 사회가 보다 안전하고 평화로워지기를 기원합니다.

3부

11

자기돌봄으로 일과 삶의 조화를 추구하는 공무원

—

차경호

2024 국제심화교육에서 인터뷰이 차경호 님(양평군청 공무원)의 아내인 이경희 님을 먼저 알게 되었습니다. 세 명의 자녀를 둔 이경희 님은 현재 육아휴직 중이고 차경호 님은 2년간 육아휴직 후 복직해서 일하고 계십니다. 차경호 님과의 만남에서는 아내 이경희 님이 배석해서 공무원 세계에서의 비폭력대화를 주제로 이야기를 나눴습니다.

2013년 11월 양평군청에 같이 입사했고, 약 3개월 후인 2014년 3월부터 사귀기 시작했어요. 아내는 고향이 대구이고 저는 서울인데 경기도를 지원해서 양평으로 왔어요. 아내는 행정직, 저는 시설디자인 담당이에요. 디자인 직렬이 시군에는 한 명뿐이라 양평에서는 저 혼자에요. 2015년에 결혼해서 현재 아이가 셋입니다.

아내가 먼저 배운 후 저에게 추천했어요. 처음에는 거부감이 되게 심했어요. 비폭력대화라면서 '폭력'이라는 단어가 들어가고 종교 비슷한 느낌이 들었거든요. 나중에 아내가 계속 권유해서 NVC1을 들었는데, 크게 와닿지는 않았어요. 그런데 아내가 또 NVC2도 들어보라고 권유해서 마지못해 갔는데, 그제서야 비폭력대화가 제게 훅 들어왔어요. 그 후 아내가 권유해서 중재도 듣게 되었죠.

고향인 대구에 부모교육을 하는 친한 친구가 있어요. 2017년 어느 날 친정에 갔다가 그 친구 집에 놀러 갔는데, 친구가 전날 대구에서 NVC1을 들었다면서 기린과 자칼 이야기를 '기깔나게' 하는 거예요. 너무 놀라서 "세상에 그런 교육이 다 있다고?" 그러면서 잠깐 둘이 침

묵으로 있었어요. 그러다가 "우리가 고등학교 다닐 때 그런 교육을 받았더라면 어떻게 살았을 거 같아?" "다르게 살았겠지." 그런 얘기를 나누고 올라와서 바로 교육을 신청했어요. 첫째 돌 전이었어요.

교육에는 아내 권유로 온 남성들이 꽤 있었어요. 저도 처음에는 '나는 문제없다'는 방어기제가 작동해서 되게 싫었고, 처음 갔을 때도 별로였는데, NVC2 과정 중에 '내면아이'를 만나면서 비폭력대화가 크게 다가왔어요. 저는 프로세스적으로 분석하는 걸 좋아하는데, NVC2를 하면서 비로소 깊이 배워보고 싶다는 생각이 들었어요. 그렇지만 한동안은 교육을 안 받으려고 했는데 중재 교육을 갔다온 아내가 너무 좋다면서 중재는 꼭 해봐야 한다고, 그리고 중재 교육 가기 전에 NVC3를 안 들어서 너무 후회가 되니까 NVC3를 듣고 가라고 말했어요. 당시가 코로나 시기라서 NVC3를 줌으로 듣고 2022년 2월에 중재 교육을 갔어요.

아내가 추천해서 들은 직장 동료 한 명이 더 있어요.

[아내] 남편이 어떻게 가게 되었는지 궁금하실 것 같은데, 제가 엄

청 꼬셨어요. "내가 아이들 볼 게, 거기 가면 아무것도 안 시켜, 근처에 있는 맛집 다녀. 오빠 커피 좋아하잖아. 카페도 많아." 그러면서 계속 권유했어요. 당시 저와 남편 둘 다 육아휴직 중이었는데, 내가 아이들 볼 테니 기분전환 한다고 생각하고 NVC1 들으러 가라고 했죠.

둘이 2년간 겹쳐요. 남자들도 아이 한 명당 1년 유급휴가가 가능해서 첫째와 둘째 낳고 유급휴가를 갔어요. 휴직기간 동안 남편이 중재 과정까지 들었어요.

꼭 그렇지는 않았어요. 제 업무 특성상 비폭력대화를 접목시키기 힘든 부분이 있어요. 비폭력대화를 접목하려면 상대방에 대한 이해와 어느 정도 마음의 여유가 있어야 하는데, 제가 전화를 받으면 민원인은 이미 화가 나 있는 상태이고 민원이 빨리 처리되기를 바라는 경우가 대부분이에요. 상대를 이해하려고 "어떤 일이세요? 무엇을 도와드릴까요?" 물어보면 불평만 토로해요. 그러면 이해하기가 정말 힘들어요. 민원인에게 "이런 설명을 요구하는 건 도와주기 위한 거니까 잘 설명해달라"고 말하면 자기 말을 무시하냐는 식의 대

답이 굉장히 많아요. 그냥 빠르게 해결해 주기만을 원하는 거죠. 저도 업무량이 많아서 스트레스가 많다 보니 사람을 이해하려는 마음을 갖기가 힘들고요.

업무가 도시디자인이라 힘든 민원인들이 많이 올 거 같네요.

공무원 업무는 2~3년마다 바뀌는데, 저는 주로 허가, 민원 관련 업무를 하고 있어요. 제 분야에서 사람들이 요청하는 건 정해져 있어요. 이웃끼리 민원을 넣는 경우가 굉장히 많은데, 그 사이에서 한쪽을 이해하려고 하면 "상대 편을 드냐? 상대한테 돈 받았구나" 이런 원색적 비난이 들어와요. 그래서 상대방에 대한 이해보다는 상황을 정확하게 파악하고 중립적인 입장에서 법적인 답변만 해야 하는 상황이 많아 중재기법으로 문제를 해결하기가 굉장히 어려워요. 비폭력대화가 도움이 되는 건 '자기돌봄'을 할 때예요. 자극이 센 민원인을 상대하다 보면 스트레스가 올라가서 도와주기 싫은 생각이 들 때가 굉장히 많거든요. 그럴 때 힘든 상황에서 잠시 떨어져 나를 돌보는 선택을 할 수 있다는 게 예전과 달라진 점이에요.

자기돌봄을 통해 스트레스를 덜 받을 수 있겠군요. 직장 동료나 상사, 후배들과의 관계는 어떤가요.

비폭력대화를 배우고 나서 인간관계가 많이 편해졌어요. 다만 가

정보다 직장을 우선하는 분들은 저를 보면서 스트레스를 받는 것 같아요. 저는 직장에서는 할 수 있는 선까지 하고 그 외 시간은 가정에 충실하려고 해요. 그래서 상사들한테 가끔 욕을 먹어요. 동료 중에는 좋게 보는 사람도 있고, 안 좋게 보는 사람도 있는 것 같아요.

직장에서는 그런 거 이해하려고 하지 않아요. 개인적인 걸 물으면 젊은 직원들이 불편하다는 글을 직장 게시판에 자주 올리니까, 개인적인 건 스스로 말하기 전까지는 물어보지 말라고 교육해요. 저도 굳이 비폭력대화 배웠다는 얘기를 하지 않아요. 그러다 가끔 힘들어하는 사람이 있으면 추천을 해주죠. 아이가 있는 남자 직원 중에는 직장과 가정 사이에서 스트레스를 받는 경우가 많아요. 힘들어서 마음공부하고 싶다고 하면 비폭력대화라는 게 있으니까 한번 해봐라, 스스로를 돌볼 수도 있고 자녀와의 관계가 좋아질 수 있다고 추천해줘요. 직장 동기 한 명도 아내가 권유해서 중재 교육까지 받았어요. 만나서 얘기하다가 한번 해보라고 말하고, 교육받을 마음이 생기면 안내해 주는 정도지, 계속 권유하지는 않아요.

아이들과 관계가 정말 많이 좋아졌어요. 그게 비폭력대화를 배운 후 가장 크게 느끼는 부분이에요. 가정을 꾸리고 아이가 있는 분들은 비폭력대화를 꼭 배우는 게 좋겠다고 생각해요. 남자들에게 특히 필요하다고 느끼는데, 대부분의 남자는 아이에게 사과하는 걸 매우 어렵게 생각해요. 그런데 내 욕구가 무엇이고 아이한테 어떤 걸 부탁하고 싶었는지를 알게 되면 사과하는 게 굉장히 쉬워져요. 예전에는 피곤하고 화나면 아이들에게 이래라저래라 하는 경우가 되게 많았어요. 지금도 가끔 그러는데, 그러고 나면 나중에 저를 돌아보고 왜 그랬는지를 이해한 다음 아이에게 설명하고 사과해요. 내가 원하는 게 무엇인지를 아이한테 얘기할 수 있다는 게 예전과 달라진 점이에요.

민원 때문에 자살하는 공무원이 있다 보니까 안내책자를 배포하고 그대로 대응하라고 하는데, 그런 것들을 보면 헛웃음이 나와요. 실제로는 쓰기 힘든 말이거든요. 그리고 설령 우리가 그렇게 말한다 해도 민원인들은 그들의 고통을 덜어준다고 받아들이기 힘들 거라 생각해요. 사람들이 다양하고 민원도 다양해서 안내 책자에 있는 대화방법만 갖고는 안돼요.

안내책자가 어떻게 되어 있나요.

선생님 말씀을 잘 듣고, 듣고 나서 해결해 주기 위해 노력하고 있다, 선생님의 심정을 이해한다, 이렇게 되어 있어요. 근데 민원인들은 심정을 이해하면 그대로 해주기를 원하지, 속마음을 얘기하는 사람은 없어요. 본인이 단속을 당했기 때문에 '왜 나만 당해야 돼? 너희들도 똑같이 당해 봐', 이러면서 민원을 넣는 사람들이 있는데, 그런 사람에게는 무슨 얘기를 해도 소용이 없어요. 본인이 당한 걸 취소해 주기 전까지는 마음이 풀리지 않아요. 그걸 공감해 주고 이해해 주고 해결하기 위해서 노력하려면 담당 공무원이 자기 직을 걸어야 하는데, 그걸 할 수 있는 사람이 있을까요?

그런 상황에서는 비폭력대화가 어떻게 도움이 될까요.

그 상황을 제3자의 입장에서 바라보면서 저를 돌보는 여건을 만드는 거죠. 꾸준히 연습하면 상황을 객관적으로 바라볼 수 있는 여유를 가지면서 마인드 컨트롤을 할 수 있어요.

민원을 처리할 때 공감은 어떻게 도움이 될까요.

민원 처리할 때 공감해 주면 친절하다는 얘기를 들을 수는 있지만, 대부분의 사람이 원하는 건 상황을 빨리 파악해서 정확하게 문제를 해결해 주는 거지, 자기 얘기 들어 주고 공감해 준 후 문제를 해결하는 과정은 별로 원하지 않는 거 같아요. 공감이 도움이 되는 건 민원인이 화가 나서 횡설수설할 때죠. "선생님 말씀을 들으니 이렇게 판단되는데 맞나요?"라고 물어보면서 그 사람이 원하는 욕구를 찾아가는 데는 공감이 도움이 돼요. 문제는 그렇게까지 시간을 내주고 싶지 않을 때가 굉장히 많다는 거예요. 화나서 오는 사람은 대부분 말이 안 되는 걸 요구하는 경우가 많아요. 소위 악성 민원일 때가 많아요. 그럴 때는 그 사람을 이해하거나 문제를 해결해 주고 싶지 않은 마음이 들어요.

민원인을 가릴 수는 없는데, 다만 제가 하는 말을 들으려고 하는 사람은 대화가 되니까 빨리 해결해 줄 수 있어요. 그런데 화를 내면서 민원을 넣는 사람은 자기가 하고 싶은 말만 쏟아내지 제 말을 들으려 하지 않아요. 민원인을 진정시키고 나서 일을 처리해야 하는데 그러려면 시간이 상당히 소요돼요. 내 업무에 지장이 없다면 들어줄 수 있지만, 시간을 들여 민원인 얘기를 들어주면 야근을 해야 하는데 그럴 수 있는 사람은 아마 거의 없을 거예요. 지역 특성상 한 명이 담당하는 업무가 상당히 많거든요.

공무원이 비폭력대화를 배워서 좋은 점은 자신을 보호할 수 있는 수단을 갖는다는 의미가 제일 크겠네요.

그렇죠. 그게 가장 도움이 돼요. 공감 대화가 필요한 업무는 따로 있어요. 주로 증명서를 발급해 주는 업무인데, 다짜고짜 화를 내거나, "너 나 몰라?"라는 식으로 갑질을 하려는 사람이 있을 때는 도움이 되겠지요. 또 마을 일과 관련해서 뭔가를 요청할 때 안 되면 화를 내는 경우가 있는데, 이럴 때는 진정시키기 위해 공감을 할 수 있어요. 마을사업의 경우는 저희가 주민 의견을 듣고 주민들도 저희 얘기를 들을 준비가 되어 있기 때문에 거기서는 공감이 충분히 발휘될 수 있어요.

NVC1을 배웠을 때 어떤 점이 불편하셨나요.

관찰, 느낌, 욕구, 부탁 순서대로 말하는 게 굉장히 어색했어요. 이게 과연 실생활에서 도움이 될까 하는 의문이 머리에서 떠나지 않았어요. 차라리 관찰, 욕구, 느낌, 부탁 순으로 하니까 쉬웠어요. '내가 뭘 원하는데 그게 안 돼 이런 느낌이 든다, 그래서 이걸 부탁한다', 이렇게 하니까 말이 쉽게 나왔어요. 처음부터 느낌을 말하는 게 굉장히 어색했어요. 남자가 그런 말을 하면 안 될 것 같았거든요. 그런 생각은 저뿐만이 아니더라고요. '남성을 위한 NVC'를 들으신 분들도 관찰, 욕구, 느낌, 부탁 순으로 말하는 거 더 편하다고 하더라고요.

아이들한테도 남자들 방식으로 얘기해요. 만약 아이들이 좀 심한 말을 했다면, "나는 너희들이 안전했으면 좋겠고, 사회에서 인정받고 이해받기를 원한다. 그래서 너희들이 그렇게 말하면 내가 굉장히 두렵다." 이렇게요.

열한 살, 여덟 살, 세 살, 세 명이에요. 육아휴직이 한 명당 3년씩이라 아내가 7년째 육아휴직을 하고 있어요. 아내는 내년에 복직해요. 아내는 집안일과 육아 이외에 아이들 대안학교에서 기린마을 활동을 하고 있고 비폭력대화 공부도 해서 바쁘죠.

자주 다니던 빵집 사장님이 발도르프 어린이집을 추천해 주셨어요. 저희 아이보다 한 살 위 딸을 키우고 계셨는데 거기 가서 아이가 달라졌다고 발도르프 교육에 대해 극찬을 하시길래 호기심이 생겼어요. 발도르프 어린이집이 인연이 되어 대안학교까지 보내게 되었죠.

그래서 남자들이 라이프교육을 좋아하는 것 같아요. 3박 4일간 자기만의 시간을 갖게 되잖아요. 남자들이 가정을 꾸리면 본인의 시간을 고스란히 갖는 게 굉장히 힘들어요. 육아 참여가 어느 정도인지에 따라 달라지겠지만, 저는 정말 저만의 시간이 거의 없는 거 같아요. 그건 아내도 마찬가지겠죠. 그래서 가끔 비폭력대화가 선물처럼 올 때가 있어요. 스스로를 돌보는 시간을 가질 수 있으니까요. 그래서 아내가 서울에서 하는 연습모임에 간다든지 스마일키퍼스* 교육 받으러 간다고 하면 흔쾌히 다녀오라고 해요. 물론 처음에는 그러지 않았는데, 아내가 자기돌봄의 시간이 필요하다고 하더라고요. 내가 필요한 만큼 아내도 그런 시간이 필요하다는 걸 알게 돼서 그 이후에는 흔쾌히 보내주고 있어요. 물론 저도 교육을 가는 경우가 있고, 가면 충전하고 오지요.

저에게는 중재가 정말 크게 와닿았어요. 동기가 꽤 많았는데, 운좋게도 여러 분야에서 비폭력대화와 관련된 일을 하는 분들이 많아서 그분들이 쓰는 기법이나 프로세스를 많이 배울 수 있었어요. 또

---

* 한국비폭력대화교육원에서 주관하는 비폭력대화에 기반한 어린이 대상 교육 프로그램이다.

중재 과정에서 실전연습을 통해 많이 발전하게 되어 정말 소중한 시간이었어요.

비폭력대화를 배운 후 아내가 연습모임에 가라고 강력하게 권했는데, 저는 연습모임을 꼭 가야 되는지 의문이어서 참석을 거의 안 했어요. 그런데 중재 과정을 들어보니까 연습이 많이 필요하더라고요. 지금 저희 중재 동기들은 연습모임을 꾸준히 하고 있어요.

중재 과정을 들으면서 조직에서 정말 필요하다고 생각한 게 있는데, 권위자와 자신을 중재하는 방법이었어요. 권위자에게는 뭔가 이야기하고 싶지만 거절당할까 봐 지레 포기하는 경우가 많아요. 그런데 어떤 식으로 부탁해야 상사가 들어줄 수 있을지, 거절의 두려움을 없앤 상태에서 말할 수 있는 방법이 있다는 게 되게 좋았어요. 요즘 젊은 세대는 그냥 대놓고 말하기 때문에 이런 게 별로 필요하지 않지만, 저희 세대에게는 굉장히 도움이 될 거라고 봐요.

또 관리자들은 젊은 세대에게 잘못 얘기했다가 오히려 문제가 생긴다고 부담스러워해요. 관리자들이 부하직원의 말을 공감하거나 부탁하는 방법을 모르기 때문에 그런 것을 알려주는 것도 괜찮은 거 같아요. 자녀가 있는 사람들에게는 '갈등관리' 교육도 좋지 않을까 생각해요. 공무원들은 악성 민원으로 스트레스가 심하다 보니까 아이들에게 소홀한 사람들이 많아요. 이런 사람들은 대화법이 절실하니까 '가족 간 대화법'으로 홍보해보면 괜찮지 않을까 싶어요. NVC 센터가 진행하는 회복적 경찰활동[*]도 정말 좋은데, 그런 게 필요한 분야 중 하나가 도시재생사업이에요. 그쪽에서는 주민들의 의견을 듣고 중재하는 커뮤니케이션 전문가를 많이 모집해요. 그런 쪽에 들어가는 것도 좋다고 봐요.

그렇죠. 갈등이 있을 때 전문가들이 당사자들 의견을 들은 후 정리해서 올려주면 공무원들이 정말 편할 텐데, 그런 사람을 고용하려면 예산이 들어가니까 어떻게든 공므원들이 알아서 해결해야 하는 게 현실이죠.

---

[*] 회복적 경찰활동은 지역사회에서 갈등이나 분쟁 또는 범죄가 발생했을 때 경찰이 범인을 검거하고 처벌하는 데에 그치지 않고 가해자와 피해자 등이 함께하는 회복적 대화모임을 통해 피해회복, 재발방지 등 근본적인 해결방안을 모색하도록 지원함으로써 지역사회를 안전하고 평온하게 지켜나가는 경찰활동이다.

교사의 자기돌봄을 위해 비폭력대화가 꼭 필요하다고 생각했는데, 공무원들
역시 수많은 민원 속에서 자기돌봄이 절실한 것 같습니다. 상대공감을 잘하기
위해서는 자신을 돌보고 자신을 공감하는 게 먼저임을 차경호 님과 대화하며
다시금 확인했습니다. 일과 삶의 조화를 위해서도 비폭력대화가 중요하고요.
가족을 지키며 힘들게 일하는 직장인들에게 비폭력대화가 쉽고 편안하게 다
가갈 수 있는 길을 연구해 보아야겠습니다.

IT 업계의
비폭력대화 전파자

—

이재면

한국비폭력대화교육원이 있는 서촌에는 오랜 회원인 김형렬 님이 사십니다. 서촌 주민으로 만나 이야기를 나누다가 이재면 님(전 EA 코리아 DD[Development Director]) 이야기를 듣게 되었습니다. 자신이 직장 상사로 힘들어할 때 비폭력대화의 세계로 안내한 대학 후배인데, 후배이지만 존경한다고 하더군요. IT 회사에서 일한다기에 그곳에서 어떻게 비폭력대화를 펼치고 있는지 궁금해서 회사로 찾아갔습니다. 회사 로비에 들어서니, 와! 드라마 〈밥 잘 사주는 예쁜누

나>에서 정해인이 일하던 곳과 비슷한 모습이 펼쳐졌습니다.

어떤 계기로 비폭력대화를 배우기 시작하셨나요.

회사 얘기를 해야 하는데, 좀 깁니다. 저는 우주과학을 전공했지만, 대학 3학년 때인 1993년도부터 IT 개발을 시작해서 2013년까지 20년간 IT 개발을 했어요. 나중에는 개발관리자가 되어 일을 하는데, 답답한 일이 자주 있었어요. "넌 이거 하고 넌 저거 해!" 이렇게 예전에 제가 배웠던 방식대로 일을 했는데 삐거덕거리면서 잘 안 돌아갔어요. 근데 또 일은 또 엄청 많이 들어왔어요.

당시 팀 문제를 해결하는 방법으로 해외에서 도입되고 있던 애자일Agile 방식이란 게 있었어요. 상사가 그걸 도입해보자고 제안해서 제가 일주일 동안 배워 와서 저희 팀에 적용해 봤더니 일이 잘 돌아갔어요. 맨날 새벽 두 시까지 일하고 다음 날 10시에 출근했었는데, 3개월 만에 정시 출퇴근이 가능하게 되었어요. 무엇이 변해서 우리 팀이 효율적이 되었을까 궁금해서 술자리에서 편안하게 회고를 했더니 막내 직원이 "팀장님이 권위를 내려놨잖아요." 그러더라고요. "웃기는 소리 하고 있네. 언제 나한테 권위가 있었냐?" 그랬는데, 그 말이 저를 계속 붙들었어요. '권위를 내려놓는다는 게 뭐지?' 되돌아보니 예전에는 일을 시켰다면 애자일 방식 이후에는 스케줄을 짜고

누가 뭘 할지를 팀원들이 스스로 결정하게 한 거예요. 제 역할은 의견차가 있을 때 조율하기, 주니어 직원에게 발언 기회 주기 정도였어요. 그게 다 애자일 방식 안에 있었어요. 전 그냥 그 방식을 따라 하기만 한 거죠.

그래서 이걸 좀 더 공부해봐야겠다는 생각이 들었는데, 어떤 이유로 회사를 접게 되었어요. 그 후 본격적으로 애자일 공부를 시작했죠. 당시 애자일 교육회사의 대표가 NVC센터 회원인 김창준 님이셨는데, 교육과정 중에 추천도서를 읽고 대화하는 시간이 있었어요. 그때 추천도서 중 제가 고른 책이 《비폭력대화》였어요.

그 책이 어떻게 눈에 들어왔나요.

이름이 독특하잖아요. 비폭력? 한 번도 생각해본 적 없는데, 이번에 읽어보자 싶었어요. 사실 저는 어느 누구한테도 욕먹고 살지 않았어요. 물론 욕도 하지 않았고요. 어른들이 늘 그랬지요. "다른 애가 하면 안 되지만, 이재면이 한다면 해도 돼." 그런 말을 들으며 40년을 살았으니 제가 하는 건 항상 옳다고 생각했어요. 그런데 비폭력대화 책을 읽으니까 지금까지 제가 한 말 중 많은 부분이 폭력적이었어요. 뒤통수를 한 대 맞은 거 같았죠. '도대체 뭔데 이런 충격을 주지?' 싶어 진지하게 읽었더니, 감정을 표현하는 다양한 단어가 있고, 부탁하는 데도 구체적인 방법이 있더라고요. 욕구는 그동안 아예 몰랐던 거고요. 그러다 교사인 아내가 비폭력대화센터가 있다는 걸 알고 먼저 가서 교육을 받았어요. 그 후 저도 가서 배웠죠. 책으로는 부족해서 물어보고 싶은 게 너무 많았어요. 제가 완전 극 'T'였거든요. 이해가 안 되면 받아들이지를 않았어요. 그리고 비폭력대화를 배운 사람들은 어떻게 사는지 너무 궁금했어요. 마침 회사도 그만둔 상태라 그때부터 2년간 배우고 연습모임을 했어요.

네. 회사 그만둘 때 마흔이었는데 돌아보는 시간을 갖고 싶었어요. 그리고 회사에서 마지막으로 배운 애자일 방식을 좀 더 단단히 익히고 전문가가 되어 더 큰 회사에 들어가고 싶었어요. 그 기간에 비폭력대화를 만났는데, 정말 큰 선물이었죠. 신의 한 수 같았어요. 연습모임도 직장인들 다니는 저녁시간이 아니라 오전에 가서 여유 있게 할 수 있었고, 연습모임을 진행할 기회도 생겼어요. 그 이후 프리랜서로 일하면서 비폭력대화와 애자일을 '부캐'로 장착하기 시작했어요.

지금 지진이 나서 다 무너진다 해도 저는 살아남을 것 같은 근거 없는 자신감이 있어요. 늘 운이 좋다고 생각하며 살았고, 그래서 그런지 큰 위험이 없었어요. 저는 트라우마도 거의 없어요. 부모님이 다투시는 걸 본 적이 없고, 집이나 학교 어디에서도 폭력과 얽힌 경험이 없어요.

비폭력대화가 진로에 어떤 영향을 끼쳤나요.

누가 시키는 것을 더 이상 맹목적으로 하고 싶지 않았어요. 세상에서 제일 가치 있는 게 비폭력대화라고 생각하니까 다른 데 시간을 쓰는 게 너무 아까웠어요. 그래서 강사도 하고 싶었고, 실제 강의도 했는데 막상 해보니 아니더라고요. 신나서 엄청 잘 가르쳤다고 생각했는데 사람들에게 전달된 게 하나도 없었어요. 제가 T라고 했잖아요. 그래서 효과 없는 일은 안 하기로 했어요.

그래서 어떤 방식을 선택하셨나요.

직접 삶으로 보여줘야겠다고 생각했어요. 실제로 생활에서 비폭력대화를 사용하는 모습을 보여줬더니 도움이 되었다는 피드백을 들어서 기분 좋았던 기억이 있었거든요. 그걸 해야겠다 싶었어요. 사람들이 저랑 이야기할 때 좋아하는 포인트가 있어요. 연습모임이라고 해서 연습만 할 줄 알고 오는데, 저는 제가 말한 후에 참가자들에게 각자의 사례를 적용해서 얘기하시라고 해요. 그렇게 하면 배우는 게 있으니까 재미있어 하더라고요. 결국 제가 진짜로 하고 싶은 일은 비폭력대화를 실전에서 사용하는 거였고, 이런 일 저런 일, 이 사람 저 사람, 이 회사 저 회사에서 시도했던 일들이 효과를 봤어요. 그리고 비폭력대화를 실전에서 잘 쓰려면 연습을 많이 해야겠다고 생각하고 연습모임을 계속 진행했어요. 저는 참여보다 진행을 원했어요. 진행 방식을 다르게 하고 싶었거든요. 연습모임에는 많이 배운 사람도 오지만 배움이 충분하지 않은 사람들도 와요. 그런 분들에게는 무언가를 조금 더 이해할 수 있게 전달해 드려야 계속 올 수 있는 동기부여가 될 거라고 생각했어요. 그리고 알려주려면 내가 명료해야 되니까 책도 한 번 더 보고, 이렇게도 표현하고 저렇게도 표현하면서 연구를 많이 했어요. 욕구를 설명할 때도 나한테 욕구가 뭔지를 깊이 생각해야 설명이 잘 나오더라고요. 그래서 욕구명상도 많이 했어요. 그러면서 연습이 엄청 됐죠. 그 후에 회사 들어가서 실전에서 쓰니까 비폭력대화가 끊어지지 않았어요. 제가 있는 곳에는 항상 비폭력대화가 있었어요.

회사생활에 도움이 된 경험이 있어요. 중재 과정을 마치고 나니까 법원의 조정위원 제안이 들어왔어요. 형사가 아니라 민사 쪽이라 회사생활을 해본 사람이 필요했던 것 같았어요. 그때 어려운 갈등사례를 1년 정도 경험했던 게 회사로 돌아왔을 때 엄청난 도움이 되었죠. 일하다 갈등이 생기면 민사 조정위원 경험을 이야기하면서 법원으로 가봐야 소용없다, 대화로 풀지 않으면 서로 상처만 받고 끝나는 경우가 많다고 얘기를 해주었어요. 책에 있는 게 아니라 실제로 경험한 얘기를 하니까 사람들이 귀를 기울여 듣더라고요.

저는 코칭도 병행했는데, 나이가 들면서 주변에 사장도 있고 이사, 부장도 있어서 그들 얘기를 들어주면서 고민 상담을 했어요. 그들이 어떤 감정이고 어떤 욕구가 있는지를 공감해 주었지요. 그들은 회사 관계자가 아니여서 편안하게 하소연한 건데 저에게는 코칭 연습이고 실전이었어요.

누군가와의 첫 만남 때는 항상 비슷한 경험을 해요. 자신들이 몰랐던 욕구를 공감받는 순간 마음이 열리는 거죠. '이게 뭐지? 이 사람 뭔데 나를 이렇게 건드리지?' 그러면서 궁금해해요. 그렇게 해서 5년간 만난 분이 있는데, 그분이 여기서(EA) 일하면 어떻겠냐고 제안을 해주셨어요. 마다할 이유가 없었죠. 사람 많은 곳이 저에게는 가장 좋은 놀이터이니까요. 뭔가 기여할 수 있는 거리가 많잖아요. 그렇게 해서 여기 온 지 1년 반 정도 되었어요.

회사 일을 계기로 비폭력대화를 시작했고, 2년의 배움과 연습 기간을 거쳐 다시 회사로 돌아오셨네요.

비폭력대화를 배운 후 이 좋은 걸 온 세상에 알려야 된다는 생각이 강했어요. 어른들에 대한 원망이 있었어요. 어렸을 때부터 알았다면 덜 고생했을 텐데 싶었던 거죠.

어떤 고생을 하셨나요.

40년 동안 제 욕구가 뭔지 모르고 산 게 너무 억울했어요. '비폭력대화를 20대에 알았다면 원하는 일을 하면서 얼마나 풍요로웠을까?' 생각하곤 해요. '힘들어도 버텨야지, 해야 해, 어쩔 수 없잖아, 나라도 해야지' 그러면서 회사일, 집안일을 했는데, 그러한 것들을 나의 선택으로 했었다면 훨씬 만족스러웠겠죠.

주변 사람들의 비폭력대화에 대한 반응은 어떤가요.

다양한 선택지가 있다는 걸 모르고 산 분들이 대부분일 텐데, 앞으로 만나는 사람들에게만이라도 비폭력대화를 통해서 각자의 욕구와 연결하도록 돕는 것이 제 삶의 목표에요. 그런 생각으로 비폭력대화에 관심을 보이는 사람에게는 비폭력대화 책을 선물로 보내요. 최근 개정판도 벌써 몇 권 사서 보냈어요. 받아놓고 안 읽는 거 알아요. 근데 나중에 얘기하다 보면 "맞다, 책 선물 받은 거 있지, 한번 볼까" 그러면서 관심을 갖더라고요. 이렇게 조금씩 젖어들어가는 방식이 가장 빠른 길이라고 생각해요. 절대 늦지 않아요.

집에서도 시간이 걸렸어요. 아들이 중학생 때 아내와 갈등이 있었어요. 아내가 교사이다 보니 아들이 그렇게 살면 대학 갈 때 어떻게 되는지가 보이는 거죠. 그때 하루는 아이 데리고 나가서 바다 보고 오고, 또 하루는 아내 데리고 나가서 얘기 들어주면서 내 얘기하고 그랬어요. 그 과정에서 아내가 많은 걸 내려놨어요. 지금 아이가 고3인데 아내가 그러더라고요. 당신 말이 맞는 것 같다, 우리가 해줄 수 있는 게 별로 없는 것 같다고요. 제가 그랬거든요. 아이하고 사이만 나빠지지 마라, 멀어지면 회복하기 어렵다고요. 지금은 관계가 많이 좋아졌어요. 그렇게 천천히 스며들도록 한 번 시도하고 안 되면 기다렸다가 또 한 번 시도하고 그렇게, 일상에서 제가 비폭력대화하는 모습을 계속 보여주는 게 중요하다고 생각해요.

늦어도 늦지 않다, 중요한 말씀이네요. 지금 회사에서는 어떤 역할을 하시나요.

디벨롭먼트 디렉터Development Director인데, EA에서는 다양한 역할을 포함하지만, 저는 PM(프로젝트 매니저)이에요. 회사에는 개발자, 기획자, 디자이너 그룹이 있는데, 제 일은 일정 관리해 주고, 소통을 돕고, 갈등 생기면 퍼실리테이팅 해주면서 일이 돌아가게 하는 거죠. 회사에서 원하는 일을 하는 건데, 사실 이건 저의 '부캐'입니다. 프로젝트 매니저들은 숫자를 많이 다뤄요. 언제까지 얼마만큼의 일을 누구에게 시켜야 하는지를 계산하는 거죠. 보통 PM은 일 시키는 사람으로 이해하는데, 저는 이 일을 하되 내 방식으로 하겠다고 했어요. 멘토링과 코칭을 추가하는 거죠. 멘토링과 코칭이 저의 '본캐'라고 할 수 있어요.

회사에는 시니어와 주니어를 매칭시키는 프로그램이 있어요. 그프로그램으로 일대일 코칭이나 상담을 하고 비폭력대화도 알려줘요. 주로 성과가 안 나오는 직원들과 대화하면서 동기부여를 하는건데, 저는 동기부여를 할 때 그들에게 어떤 선택지가 있는지를 쭉늘어놓고 본인이 선택하게 해요. 그러면 자신이 선택한 일을 열심히 해요. 그런 방법을 모르기 때문에 누구 때문에 일을 못하겠다, 뭐때문에 나가야겠다는 얘기를 하는 거죠.

코칭 교육을 받으셨나요.

어깨너머로 배우긴 했죠. 저는 비폭력대화가 코칭이라고 생각해요. 코칭은 제가 해결방법을 알려주는 게 아니라 그 사람 안에 있는걸 꺼내서 보여주는 것이라고 생각해요. 그 분야는 그 사람이 제일잘 아니까 스스로 방법을 찾아보게 하고, 저는 옆에서 돕는 거죠. 코칭은 제 사회생활 경험이 도움이 많이 되었어요. IT개발을 20년 정도 하면서 팀장도 해봤고, 공동창업자이기도 해서 대표들과 이야기를 많이 나눠봤어요. 그래서 결정권자들이 어떤 고민을 하는지 잘알아요. 이분들은 고민을 말할 곳이 많지 않아요. 어려움을 표현하면 나약해 보이기도 하고, 고민이 있다는 걸 아는 순간 직원들이 동요하기 때문이에요. 그리고 본인이 고민을 가장 많이 하는데 아무도 몰라주니 속상하죠. 어떤 직원들은 자기네가 잘해서 대표가 잘 먹고 잘사는 줄 아는데, 일부는 맞고 일부는 틀린 얘기에요. 그런 것들을 들어주고 공감해 줍니다.

기질이 그런 거 같아요. 화를 잘 안 내고, 나쁜 말을 안 해요. 악한 마음을 갖고 누군가를 저주하는 건 한 번도 해본 적이 없어요. 다른 사람을 위해 사는 삶이 좋다는 게 저의 기본 마음이어서 참 감사해요. 저는 일인자가 되고 싶은 생각이 하나도 없어요. 리더가 되는 순간 저의 욕구로 뭔가를 결정하는 게 너무 큰 짐이 될 것 같아요. 리더보다 리더를 도와주는 일에 관심이 있어요. 리더를 잘 도와주면 여러 사람에게 좋은 영향이 간다는 걸 봤기 때문이에요.

비폭력대화를 하다 보니 명상도 하고 불교도 알게 되었는데, 사실 죽으면 아무것도 아니잖아요. 재밌자고 사는 거죠. 재밌게 사는 방법이 뭘까? 제가 제일 많이 웃고 희열을 느끼는 순간은 앞에 있는 사람이 "그렇게 하니까 됐어, 너한테 도움을 받았어!" 그럴 때예요. 제 앞에 있는 사람이 자기 욕구를 확인하고 욕구를 충족하는 방법을 찾아가게 도와주는 거, 그게 지금 제 삶의 목표에요.

요즘도 비폭력대화를 공부하고 싶어 하는 사람들이 주변에 있으면 연습모임을 만들어요. 주로 회사에서 만난 사람들인데, 남자보다는 여자가 많아요. 마음을 들여다보는 일을 원하는 남자들은 별로 없어요. 최근에는 옛 LG유플러스 동료들과 한 달에 한 번 만나는 모임을 만들었어요.

다 좋아해요. 비폭력대화에 대한 얘기를 시작할 때 저는 항상 제 욕구를 명확하게 말해요. "당신이 만족해하는 걸 보는 게 내 최종 목표다. 회사에서 원하는 일을 하는 건 '부캐'고, 이게 내 '본캐'다. 내가 아는 방법이 있는데 대화하는 방법이다. 당신이 받아들일 수 있으면 해보면 좋겠다." 처음에는 못 알아들어요. 그런데 실제 사례를 가지고 이야기를 하면 달라져요. 처음에는 "요즘 어떻게 지내세요?" 하면서 아이스 브레이킹을 하고 난 다음 "요즘 뭐 할 때 즐거우세요?" 그러면서 본론으로 들어가요. 가끔 제가 사람들을 울려요. 자기 욕구를 알게 되는 순간, 사람들은 그냥 울게 되는 거 같아요. 저랑 대화를 나눈 후에 이혼을 선택하는 분들도 있어요. 이혼이 하나의 선택지라는 것을 알고는 충분히 고민한 후에 선택하는 거죠. 이혼하고 와서는 제 옆구리를 쿡쿡 찌르면서 "저 이혼했어요" 그래요. 근데 얼굴은 환해요. 제가 "미친 거 아냐?" 그러면 "덕분에 잘 마무리됐습니다"라고 말하죠.

얼마 전에 한 직원도 엄청 도움을 받았다고 했어요. 그래서 이런 멘토링을 회사에서 해도 될까요? 물었더니 본인은 너무 좋아 하더라고요. 우리 회사에 이런 거 좋아할 사람들이 또 있을까 물었더니 이러더군요. "많지 않을까요? 이런 게 있는지도 모르고 어떻게 부탁을 해야 할지도 모르는 사람이 분명 있을 텐데."

> **앞으로 더 하고 싶은 일이 있으신가요.**

어느 곳에 가든 비폭력대화를 전하는 게 제 목적이에요. 나중에 회사를 그만두면 상담이나 코칭 비슷한 일을 할 것 같아요. 연습 모임을 더 만들 수도 있고, 예전에 학교에서 하던 기린마을 교사도 할 수 있겠지요. 법원조정위원도 다시 하고 싶어요.

반성이 밀려옵니다. 나는 과연 어떻게 실전에서 비폭력대화를 쓰고 있는가? 이번 인터뷰는 나를 돌아보고 앞으로 어떻게 살아가야 할지 생각해보는 소중한 시간이었습니다. 올해 비즈니스계의 키워드는 온통 AI입니다. AI가 주도하는 미래세상에서는 인간만이 할 수 있는 공감의 중요성이 훨씬 더 크다고 하니 비폭력대화를 배운 사람들의 역할도 커질 거 같습니다. AI 세상에 비폭력대화를 전할 이재면 님이 있어 든든합니다.

아이와 부모가 어우러지는
복합교육문화공간을 꿈꾸는 학원장

—

심현주

학원이 필수인 지금, 학원이라는 공간에서 지친 아이들이 공감을 받고, 학부모들이 자녀와의 대화법을 배우면 얼마나 좋을까, 그런 생각을 하곤 했습니다. 올 초 중재 과정 참여자 중에 학원 원장님이 계시다는 이야기를 듣고 귀가 번쩍했습니다. 설레는 마음을 안고 경기도 시흥시에 있는 학원을 찾아가 심현주(시흥 탑수학학원 원장) 님을 만났습니다.

반갑습니다. 신시가지라 그런지 주변예 학원이 많아요. 학원 하신 지는 얼마나 되셨나요.

올해로 20년 되었어요. 처음에는 종합학원을 했는데 선생님들이 자주 그만두는 게 너무 힘들어서 수학전문학원으로 바꾸었어요. 저와 제 친언니가 중고등학생을 담당하고, 초등학생은 다른 선생님 두 분이 담당하고 계세요. 신규 개발지로 이전한 지 얼마 안 되서 학원 홍보를 위한 블로그 글쓰기와 광고에 바짝 집중하고 있어요.

블로그를 통한 홍보는 효과가 어때요.

이곳으로 오기 전부터 블로그에 비폭력대화 관련한 글을 쓰면 상위로 링크가 되더라고요. 연습모임 후기를 쓰고 비폭력대화 태그를 달아서 올렸거든요. 여기 와서도 비폭력대화 연습모임을 만들려고 지역 맘카페에 글을 올렸는데 카페지기가 세 번이나 내렸어요. 지금은 그 맘카페에 제휴로 들어가서 학원을 홍보하고 비폭력대화 연습모임 후기도 꾸준히 올려요. 제목을 "엄마도 엄마가 필요하다"라고 달아서 글을 올리면 어머님들이 그걸 읽고 저희가 학원에서 아이들과 어떻게 대화하는지 아시더라고요. 그리고 아이를 믿고 맡길 수 있겠다고 찾아오는 부모님들이 있어요.

남편이 학원을 운영했는데 갑자기 선생님이 그만두는 바람에 제가 들어가서 가르쳤어요. 선생님들이 워낙 드나듦이 많고 잘 구해지지 않아서 남편이 힘들어 하더라고요. 그래서 제가 같이하게 된 거죠.

제가 삶에 굴곡이 많아요. 남편이 술을 마시면 약간 폭력이 있었어요. 아이들 어릴 때는 저한테만 향하다가 아이들이 크니까 아이들한테도 가더라고요. 그래서 큰아이 중1 때 아이들을 데리고 집을 나왔어요. 마침 전세 계약이 끝날 때라 각자 갈 길을 가자면서 따로 살았어요. 그래도 학원은 같이 했는데, 얼마 후 남편이 학원에서 빠지겠다고 하더라고요. 남편이 마음이 편하지 않으니까 가르치다가 아이들에게 큰 소리를 자주 냈어요. 몇 번 학부모 민원이 들어오다 보니 아이들 가르칠 상황이 아닌 것 같다면서 그만두고 다른 일을 했어요. 그 과정에서 계속 빚이 늘어나고 독촉장이 날라와 안되겠더라고요. 그래서 법적으로 관계를 정리했는데, 1년 후 고독사했어요. 그게 3년 전이에요.

그날이 기억나요. 화요일 온라인 연습모임 날이었어요. 연습모임 시작하기 전인 9시 반쯤 시동생한테서 전화가 왔어요. 형이 아무래도 이상한 것 같으니 가서 확인을 해달라고 부탁하더라고요. 사실 저도 학원 이전에 필요한 대출 문제로 계속 연락을 했는데 잘 안 되는 상황이었어요. 그럴 사람이 아닌데 말이죠. 바로 가서 확인할까 하다가 연습모임을 하고 가는 게 좋을 거 같아서 연습모임 진행자에게 제 상황을 이야기했어요. 아무리 생각해도 그 사람이 지금 온전히 있을 것 같지 않다고요. 연습모임에서 공감을 충분히 받은 후 남편 집에 갔어요. 도착해서 믄 앞에 서니 '이 사람이 지금 여기에 없구나' 하는 생각이 들더라고요. 119에 신고하고 안쪽을 보니 창문이 약간 열려 있는데 파리가 붙어 있었어요. 조금 있다 119 대원이 와서 창문으로 넘어가 확인을 했어요. 그날 아이들하고 상의하고 장례를 치렀죠.

연습모임이 힘든 과정 겪으실 때 많은 도움이 되었군요.

연습모임에서 애도서클도 했어요. 장례 치르고 2주 후에 참석했는데 진행자 선생님이 기억하시고 가기 전에 만났던 소그룹과 함께 애도서클을 해주셨어요. 선생님과 연습모임을 오래 하다 보니 제 상황을 여러 가지 알고 계셔서 도움을 많이 받았어요.

비폭력대화는 언제, 어떤 계기로 배우시기 시작하셨나요.

2016년에 배우기 시작해서 연습모임을 꾸준히 했어요. 처음에는 신촌으로 매주 갔고 나중에는 선릉으로 갔어요. 그러다 코로나로 1년 쉬었고, 온라인 연습모임이 있는 줄 모르다가 알고 나서는 계속 온라인 연습모임을 했어요. 처음 배우기 시작한 건 아이 때문이에요. 제가 남편과 별거 중일 때 딸과 대화가 너무 안 되었거든요. 딸은 저와 성향이 전혀 달라요. 초등학교 6학년 때인가 가족 네 명 모두 성격 검사를 했는데, 선생님 말씀이 엄마가 딸을 절대 이해할 수 없을 테니 이해하려고 하지 말고 그냥 받아들이는 게 좋을 거라고 했어요. 딸은 즉흥적인데 저는 규범적인 사람이라는 거예요. 그러면서 아들은 엄마가 키우고 딸은 아빠가 키우라고 하더라고요. 그래야 성향이 맞는다고요.

맞아요. 예를 들어 방 좀 치우면 좋겠다고 말하면 엄마가 얘기하니까 하기 싫다는 식이에요. 그리고 서로의 속도가 다르다는 것도 계속 발견했어요. 성격 검사 후 딸을 이해하려고 굉장히 애를 썼어요. 타로 심리상담도 배웠어요. 그걸로 아이의 성향을 이해할 수 있겠더라고요. 그런데 대화는 계속 안 되는 거예요. 그러다 우연히 박재연 선생님의 세바시 강의를 보게 되었어요. 궁금해서 선생님 이력을 찾아봤더니 비폭력대화 강사를 하셨더군요. 그래서 또 비폭력대화를 검색했더니 책이 있더라고요. 그래서 책을 읽으면서 학원 아이들에게 6개월 정도 적용을 해봤는데 한계가 있었어요. 그렇게 6개월이 지나서야 교육원이 있다는 걸 알았어요.

저는 2016년 박규원 선생님한테 처음 배웠는데, 굉장히 편안하게 해주셨어요. 첫날 기억나는 게, 그룹당 5명씩 모여 지금 필요한 욕구가 뭔지 골라보라고 하셨어요. 제가 애도 카드를 고른 후 서로 이야기를 나누었는데 어떤 분이 제가 카드를 잘못 고른 것 같다고 하더라고요. 애도는 사람이 죽었을 때 하는 건데 안 맞는 것 같다고. 그래서 제 생각에는 슬픔을 오롯이 느끼는 걸 애도라고 하는 것 같다고 말했고, 선생님도 애도는 사람이 죽었을 때만 하는 게 아니라 욕구가 충족되지 않았을 때 슬픔을 충분히 느끼는 거라고 하셨어요. 그 기억이 오래 남아 있어요. 그리고 수업 내내 연습모임을 굉장히 강조하셔서 저는 꾸준히 연습모임을 하면서 NVC2와 NVC3를 들었어요.

딸과의 대화는 어떤 변화가 있나요.

지금은 비폭력대화로 해요. 퇴근하고 집에 갔는데 딸이 얘기를 쏟아놓으면 "지금 피곤하고 힘든데 5분 정도 쉬고 나서 얘기해도 될까?"라고 해요. 그러면 딸이 "엄마, 쉬고 와" 하죠. 5분 정도 쉬고 기운이 나면 "이제 얘기 들을 준비됐어. 얘기 할래?" 그러죠. 그랬더니 딸도 그렇게 해요. 저랑 얘기하다 감정이 올라오면, "지금 화나서 말하기 힘들어. 10분 정도 방에 있다 나올게. 나와서 다시 얘기해.” 이런 식으로 자기감정을 정리하고 나와서 다시 얘기해요.

네. 비폭력대화를 공부하고나서부터 제 언어를 바꾸기 시작했어요. 가령 아이들한테 “숙제 왜 안 했어?”가 아니라 “숙제해 왔으면 선생님이 참 기뻤을 거고, 너도 선생님한테 당당했을 텐데… 다음 시간에는 숙제를 해왔으면 좋겠어.” 이렇게 말해요. 아이들이 늦게 오면 “시간이 지났네. 네가 언제 올지 예측할 수 있으면 너한테 뭐가 필요한지 준비를 할 수가 있어.” 이렇게요. 아이들이 처음에는 낯설어했지만, 지금은 편안하게 받아들이는 것 같아요. 아이들이 한 말 중에 가장 기억에 남는 게 있어요. 저와 3, 4년을 공부한 고등학생이 “선생님은 화내는 법을 모르세요”라고 하더라고요. “선생님도 화냈는데?” 그랬더니 “선생님 화내는 거 한 번도 본 적 없어요”라고 하더라고요. 제가 언어를 바꿔서 말하니까 강하게 말해도 아이들이 세게 받아들이지 않는 것 같아요. 위로를 받는 느낌이랄까, 편안해하는 거 같아요.

3년 전 처음할 때는 8주간 교육을 했는데 너무 길다고 해서 요즘은 4주로 진행해요. 작년 10월, 올해 3월에 NVC1을 진행했어요. 3월 교육 때는 수원, 용인, 세종 등에서 10명이 오셨어요. 학원 원장님들이 회원인 학원연합회 단톡방에도 글을 올렸더니 한 분이 오셔서 함께 수업을 했어요. 코칭을 하시는 분이셨는데 비폭력대화를 배우면서 새로운 꿈을 찾게 되었다고 하시더라고요. 최근에는 초등학교 3학년 아이가 등록했는데, 그 학생 어머니가 제 수업을 들으시고는 아이가 저와 수업을 하면 편하게 공부할 것 같아서 등록했다고 하세요. 또 어떤 어머니는 아이 마음을 알아주면 공부를 안 할까 봐 걱정을 했는데, 비폭력대화를 배운 후 "오늘 힘들었어?" 그 말만 했는데도 아이와 대화가 원활해졌다고 해요.

수업을 마치면 연습모임을 해요. 처음에는 두세 분 정도 오셨는데, 지금은 여섯 자리가 다 차기도 해요. 연습모임을 하고 나면 후기를 맘카페에 올려요. 오늘은 이런 얘기가 나와서 이렇게 대화를 나눴고 이런 위로를 받고 가셨다, 등등의 내용으로요. 2주에 한 번씩 올리는데 어머님들이 그걸 읽고 학원에 문의를 해요. 아이를 정서적으로 안정되게 교육하고 싶다, 나도 배우고 싶지만 직장을 다니고 있어서 못 배운다, 그런 안타까움을 표현하기도 하죠. 어떤 어머니는 제가 쓴 블로그 글을 다 읽고 오셔서는 상담도 안 하고 그냥 등록

하고 갈게요, 하시더라고요. 그분 아이는 3학년인데 감정표현을 정말 잘 해요. "선생님 오늘 저 너무 행복해요"라는 식으로요. 원래도 어휘가 풍부한 아이인데 제가 느낌말을 하나 하나 알려 주니까 점점 더 늘어나는 게 보여요. 그 아이와는 대화하는 재미가 있어요.

요즘 부모들은 개인적인 성향이 많아요. 예전에는 좋은 정보가 있으면 주변에 많이 알려주었는데 요즘 부모들은 절대 안 그래요. 통화보다 문자를 편안해 하는 분들도 많고요. 선생들을 힘들게 하는 부모들도 있다고 하는데, 늘 감사한 게, 저는 굉장히 편안한 부모들을 만났어요. 드세거나 힘든 아이를 본 적도 별로 없어요. 간혹 아이 공부에 너무 마음이 급한 부모들이 있기는 해요. 급한 마음은 제가 어떻게 하기가 어렵더라고요. 부모한테 아이가 안 된다는 얘기를 하면 학원을 그만두기 때문에 그런 얘기 안 하는 게 원장들의 불문율인데, 저는 안 되는 거는 안 된다고 확실하게 말씀드려요. 그리고 어머님이 도와주셔야 저도 아이를 도울 수 있다, 천천히 가는데 동의하시면 좋겠다고 말해요. 수업도 일주일에 두 번인데 필요하면 추가 금액없이 더 오도록 해요. 그렇게 자세히 말씀드리면 아이가 못한다는 얘기로 듣지 않고, 어떻게 하면 아이가 더 나아질지에 대한 이야기로 들으셔요. 어머니들이 "선생님하고 대화하고 나면 마음이 편해져요. 어떻게 해야 할지 이제 조금 알겠어요"라고 말해요. 이건 비폭력대화에서 배운 방식으로 말하기 때문인 거 같아요.

요즘 아이들 스케줄이 많다고 하셨는데, 아이들 볼 때 마음이 어떠세요.

많이 안쓰럽죠. 부모들 교육방식이 조금 아쉽기도 하고요. 방송에서 아이들 감정 공감하는 거를 강조하니까 어머님들이 아이한테 이렇게 할래, 저렇게 할래? 하면서 아이한테 주도권을 주는 것처럼 말하는데, 최종 결정은 엄마가 해버려요. 그 과정에서 아이들이 혼란을 느끼면서 부모에 대한 신뢰를 잃어버리는 것 같아요. 예를 들어 놀이터에 갔는데 엄마가 아이에게 "이제 갈까?" 물어요. 그러면 아이가 "아니, 좀 더 놀래" 그러죠. 그런데 엄마가 조금 기다리다가 "엄마 간다" 하고는 가버리는 척을 해요. 아이한테 물어놓고 아이 의사를 무시하는 거죠.

그럴 경우, 엄마가 "그럼 10분만 더 놀다 갈까" 이렇게 분명하게 이야기할 수도 있겠지요.

저와 연습모임을 하는 어머님들은 아이하고 대화를 잘 하려고 오세요. 여기서 자기 느낌과 욕구를 바우게 되니까 아이와의 대화가

훨씬 쉬워진다고 하시더라고요. "우선은 자신을 알아야 되는 거네
요. 저를 알려면 얼마나 걸릴까요?"라고 물으시는 분도 있는데 "저
도 아직 저를 알아가고 있어요"라고 말해요. 자신을 알면 화가 나는
상황에서도 화를 낼까 아니면 다른 방향으로 갈까 선택할 수 있는
힘이 생겨요. 비폭력대화를 배운 어머님들은 아이하고 얘기하다가
화가 올라오면 호흡을 하면서 '내가 지금 뭘 바라는 거지?' 생각해
보고 나서 아이와 얘기를 한다고 하시더라고요.

2022년에 라이프를 했고 올해 중재 과정을 하고 있는데, 끝나면
도전하려고 준비하고 있어요.

앞으로 어떤 비전을 그리시고 계신지 들려주실 수 있나요.

학원을 하면서 꿈꾸었던 건 오전에는 부모님들하고 여러 가지 모
임을 하고 오후에는 아이들 교육을 하는 거였어요. 이런 꿈을 갖게
된 계기가 있어요. 어느 날 마트에서 장을 보고 나오는데 열 살 정도
되는 아이한테 엄마가 "너 때문에 못 산다"면서 힘들다는 말을 굉장
히 비극적으로 쏟아내더라고요. 그때 '저 엄마가 저러는 건 다른 방
법을 몰라서다, 엄마들에게 다르게 표현을 수 있는 방법을 알려주면

아이들이 안전하게 보호받을 수 있지 않을까' 싶었어요. 그때부터 계속 부모교육을 생각했어요.

그래서 부모교육을 하고 나서 연습모임을 활성화를 하려고 했는데, 아직은 참여자가 서너 명 정도에요. 필요성은 아는데 자기 마음을 들여다보고 드러내는 걸 낯설어 하는 것 같아요. 연습모임을 좀 더 활발하게 해서 어머니들이 자신에게 필요한 게 뭔지 알아가고, 그래서 가정이 편안해지길 바라요. 그런 마음으로 '엄마의 말하기 연습모임'을 격주로 하다가 매주로 바꾸었어요. 격주로 하면 체감이 덜한 것 같아서요. 왔다 가면 며칠 동안 편안하다고 하시더라고요. 어떤 분은 경력이 단절돼 구직을 못할 것 같았는데 연습모임에서 공감받은 후 직장을 구하셨어요. 여기서 에너지를 얻고 힘있게 생활하는 모습을 보면 굉장한 보람을 느껴요.

네. 수요일에 진행하는 온라인 연습모임도 계속할 생각이에요. 코로나 때 온라인 연습모임이 있어서 너무 좋았거든요. 코로나가 종식되면 온라인 연습모임이 없어질까 걱정했는데, 지속돼서 안심을 했죠. 화요일에 하는 온라인 연습모임에는 필리핀, 싱가포르, 캐나다, 미국 등 세계 각지에 사는 분들이 오시는데, 그분들이 그러세요. 하루 종일 한국말을 할 기회가 없는데 여기 오면 한국말로 대화할 수 있어서 정말 편하다고요. 또 저희 학원에서 '열린마을 중재센터'를 열고 싶어서 지금 중재 과정을 듣고 있어요.

저는 궁극적으로 저희 학원을 다양한 교육, 문화활동 공간으로 키워가고 싶어요. 요즘 아이들은 자기표현을 잘 못 하는 경우가 많아서 아이들 표현능력을 키워주는 방식으로 수업을 진행하고 있어요. 그리고 주말에도 아이들과 여러 가지 활동을 하고 있고요. 이렇게 하다 보니 5~6개월 지나면 아이들 바뀌는 모습이 눈에 보여요. 집중력도 좋아지고, 처음에는 못한다는 말을 많이 했는데 시간이 지나면 "선생님 저 이거 했어요"라고 말해요. 그럴 때는 "잘했어"가 아니라 "이렇게도 했네. 선생님도 생각 못 한 걸 네가 했구나. 선생님도 너한테 배운다", 이런 식으로 말하죠. 그렇게 아이들이 자신감을 가져 나가는 모습을 보고 있어요.

어린이, 청소년을 가르치는 수학학원에서 시작해 비폭력대화를 배운 후 부모교육까지 확장하고, 최종적으로는 아이와 부모가 어우러지는 복합교육문화공간을 그리는 학원 원장님. 그 속에서 아이들이 자신감을 갖고 밝고 편안하게 자라는 모습을 계속 지켜보고 싶은 학원 원장님. 비폭력대화를 배운 한 사람이 자신의 일터를 평화로운 공동체로 가꾸어 나가는 모습에 감사와 감동이 밀려옵니다. 심현주 원장님의 비전을 응원합니다.

14

비폭력대화와 명상을 수업에 활용하는
중학교 교사

—

심윤정

심윤정 선생님(강남 소재 중학교 교사)은 페이 스북을 통해 만났습니다. 거의 매일 소식이 올라오는 페이스북에는 학교생활과 공부모임, 연습모임 소식 이외에도 좋은 카페에서 책 읽고 차 마시기, 네일아트 등의 자기돌봄 이야기, 가족 이야기도 자주 올라왔습니다. 마치 어제 만난 듯한 심윤정 님을 교실에서 만났습니다.

교사 생활은 올해 29년 차이고, 비폭력대화는 아들 초등학교 때부터 배웠어요. 아들이 지금 26살이니 15년 되었네요. 배우고 5~6년간 꾸준히 연습모임을 하다가 2014년에 라이프 과정을 수료했어요

비폭력대화교육원 강사이신 박기원 선생님이 저와 같은 학교 교사였는데 저랑 잘 맞는 동료이자 친구였어요. 제가 박기원 선생님에게 어떤 연수를 권했는데, 그 연수에서 선생님이 비폭력대화를 알게 되셨어요. 그때 저는 아이가 어려서 연수를 못 갔는데, 다녀와서 박 선생님이 비폭력대화 책을 권해주셨어요. 그렇게 책을 먼저 읽고 나중에 신촌센터에 가서 NVC1을 들었어요.

처음에는 아이 키우는 데 도움을 받는 정도였는데, 라이프 과정까지 하게 된 계기가 있어요. 당시 저희 반에 한 아이를 따돌리는 사건이 발생했어요. 예전에 지도하던 방식대로 아이들을 불러서 앞으로 그렇게 하지 말라고 했어요. 그런데 따돌림받은 아이의 부모님이 너무 미온적으로 대처했다면서 교육청에 민원을 넣으셨어요. 엄청 충격이었죠. 부모님들과 안 좋았던 적이 한 번도 없어서 제가 잘한다고 생각했는데, 처음으로 소위 '민원'을 받은 거잖아요. 엄청 두려웠죠. 신문에 내 이름이 나는 건가? 내가 나쁜 선생님이 되는 건

가? 이런 생각들이 막 올라왔어요.

당시 연습모임을 하고 있었는데 고통이 너무 커서 두 시간 동안 제 얘기만 했어요. 그때 7~8명이 참여하고 있었는데 모두가 침묵으로 제 얘기를 들어주셨어요. 아무도 제 얘기를 끊지 않고 들어준다는 것 자체가 되게 큰 경험이었어요. 그렇게 선생님들의 도움으로 힘든 일을 극복하면서 제 생각에 변화가 일어났어요. '내가 원하는 회복적 방식은 그냥 하고 싶다고 해서 되는 게 아니다, 내가 역량을 키우고 학생지도를 그런 방식으로 하고 있어야 부모님들에게 할 말이 있는 거다, 응보적 방식으로 처벌하는 걸 싫어하면서 평소에 아무 활동도 안 하고 있는 건 문제다'라는 생각이 들었어요. 그리고 우리 반에서 다시는 이런 일이 반복되면 안 된다고 다짐했지요. 그래서 평생교육처럼 우리 반 학부모님들과 비폭력대화 독서모임을 하면서 부모님들에게 나의 철학을 알려드려야겠다고 생각했어요. 그때부터 더 열심히 비폭력대화를 공부하게 되었고, 라이프 과정도 하게 되었어요. 그러면서 우리 학교 선생님들과 공감모임을 진행했고, 2023년 서이초 사건 때에는 '토닥토닥 공감모임'도 만들었어요. 교원학습 공동체에서 비폭력대화 수업도 했고요.

'토닥토닥 공감모임'은 어떻게 진행하시나요

진행방법은 어떤 분의 사례를 들은 후, 한 분씩 돌아가면서 그때 많이 속상하셨나요, 힘드셨나요, 그렇게 느낌이나 욕구를 찾은 후, 그분에게 힘이 될 수 있는 말을 나누어요. 요청하기 전에는 조언을 하지 말자는 원칙도 얘기하고요. 신기하게 비폭력대화를 모르는 선생님도 한 번 공감받고 나면 자기도 누군가를 공감해 주고 싶다면서 다시 오셔요. 제가 정년이 8년 남았는데, 후배 선생님들한테 개인적인 재능을 기부하는 마음으로 하고 있어요. 한 분이라도 오시면 그냥 해요. 모임을 한 시간 반 밖에 안 하는데도 오실 때 힘이 빠져서 온 분이 기운을 얻어 가시고, 한번 참여한 분들이 계속 오니까 의미가 생기더라고요. 제가 참여하는 또 다른 모임으로는 마음챙김교사모임과 기린교사모임이 있어요. 마음챙김교사모임은 정기적으로 모여 명상을 하고 실천사례를 나누는 모임이고 기린교사모임은 서울지역 비폭력대화 교사연습모임으로 10년간 꾸준히 하고 있어요.

배우지 않은 사람과의 모임을 저도 한번 해 봐야 되겠네요.

네. 힘들어서 공감을 받고 싶은데 교육을 받아야만 공감을 받을 수 있다면 벽이 있는 거잖아요. 요즘 힘들어하는 사람들이 너무 많아요.

학생들과는 어떤 활동을 하시나요.

마음챙김 동아리를 해요. 제가 마음챙김 노트를 만들었는데, 거기에 느낌과 욕구를 찾는 활동이 있어요. 저는 비폭력대화가 마음 챙김의 언어라고 생각해요. 두 가지를 같이 해야지 하나만 할 수는 없어요. 얼마 전에는 NVC센터의 악플세탁소 사업으로 강사님이 오셔서 수업을 했어요. 또 우리반 학생들하고는 학기 초에 우리가 소중히 여기는 가치를 가지고 학급 규칙을 만들어요. 그리고 저희 학교에는 자유학기가 있어서 1학년 1학기에는 시험을 보지 않고 자유롭게 다양한 과목을 배우는데, 일반 교과목 외에 선택 과목을 개설할 수 있어요. 저는 비폭력대화를 학생들에게 알려주고 싶어서 '청소년을 위한 소통의 대화'라는 과목을 개설하고 신청을 받아서 동아리처럼 운영해요. 제 수업시간에는 교과목을 해야 하니까 비폭력대화를 전면적으로 하기는 힘들죠. 담임을 해도 해야 할 교육이 많아서 반 학생들과 긴 호흡으로 뭔가를 하기는 어려워요. 그래서 자유학기 수업을 개설했는데, 벌써 7~8년 됐어요. 수업에는 25~30명이 들어와요.

중학생이 제일 힘들다고 하던데, 선생님은 어떤지요.

비폭력 대화를 배우게 된 계기가 바로 그거예요. 제가 부임하던 당시는 체벌이 있었어요. 첫 수업 때 교두부장님이 저를 데리고 교실에 들어갔는데, 맨 앞에 앉아 있는 학생이 떠들고 있었어요. 그때 그분이 저를 도와준다는 마음으로 한 일이었겠지만, 분위기를 잡기 위해서 그 아이 따귀를 때렸어요. 첫 수업이라 설레는 마음이었는데 완전 싸해졌지요.

우리 학교는 남자 중학교인데 여자 선생님이 대여섯 명밖에 없었어요. 학생들은 제 시간을 해방구처럼 생각했어요. 너무너무 시끄럽고 질서가 안 잡혀서 어떻게 해야 할지 모르겠더라고요. 조용히 하라고 하면 따라 하고, 책상 밑에 있다가 튀어나오고, 남자 선생님은 무서우니까 딱 눌려 있다가 여자 선생님 시간에는 해방되는 느낌이었던 거예요. 그런 상태에서 수업을 하려니까 엄청 힘들었죠. 처음에는 화를 내고 욕도 하고 한두 대 때리기도 했는데, 그러고 나면 너무 괴롭고 애들하고 멀어지는 것 같았어요. 그렇다고 애들이 제 말을 잘 듣는 것도 아니었어요. 뭔가 제3의 대안을 찾아야겠다 싶어서 비폭력대화를 배우기 시작했어요.

학생들과 NVC 수업은 어땠나요.

소통에 대한 수업을 하고 나서 아이들 소감을 받아보면, 친구나 동생하고 얘기할 때 예전보다 화를 덜 내게 됐다고 해요. 아이들이 제대로 알아들을까 싶은데, 아이들은 좋은 거를 잘 이해하고 받아들인다고 생각해요. 학생들은 떠들고 있어도 느낌, 욕구 찾기 하는 거 보면 되게 잘해요. 수업에서 인상적인 에피소드가 하나 있어요. 수업 시작할 때는 느낌말로 출석 체크를 하는데, 어느 날은 지쳤어요,

피곤해요, 그말 밖에 없는 거예요. 그래서 "여러분이 지금 필요한 게 잠이고 휴식인 것 같다. 이 수업은 우리 욕구를 충족하는 게 목적이기 때문에 잠깐 잠을 자면 어떨까 한다. 근데 선생님도 준비한 수업이 있으니까 15분 정도 자면 어떨까?" 하고서 다 같이 엎드려 잤어요. 그리고 15분 후에 일어나니까 아이들 에너지가 살아나고 수업도 훨씬 좋았어요. 수업을 마치고 나니 아이들이 고맙다고 하더라구요. 아이들의 욕구를 알아주면 훨씬 더 내 말을 잘 받아들인다는 걸 그때 확실히 느꼈어요. 그래서 저는 학생들에게 늘 느낌을 물어봐요. 엎드려 있는 학생에게는 "어디 아파?" 또는 "피곤해?" 물어보고, 너무 피곤하거나 아파서 수업을 듣기 어렵다고 하면 엎드려 있으라고 해요. 느낌을 먼저 물어봐 주는 게 되게 효과적이고 안전한 방법인 거 같아요.

학생들 사이에 갈등이 생기면 중재 활동도 하시나요.

싸움이 있으면 바로 대화를 시도하기보다 양쪽 얘기를 각각 들어줘요. 공감해서 마음을 가라앉힌 다음에 얘기하면 연결이 훨씬 더 잘되거든요. 화가 나 있는 상태에서는 대화가 어렵잖아요. 회복적 서클을 조금 배웠고 중재 과정을 다 하지는 않았지만, 그냥 느낌과 욕구를 알아 주는 것만으로도 간단한 문제는 다 해결이 되는 것 같아요.

얼마 전에 중재가 필요한 일이 하나 있었어요. '건담동아리'에서 한 아이가 건담을 만들고 있는데 다른 아이가 옆에 와서 장난치다가 조각 하나가 없어졌어요. 하나라도 없으면 완성을 못 하니까 만들던 아이는 울먹울먹하고, 다른 아이는 일부러 잃어버린 게 아니라면서 억울해했어요. 저는 피해가 발생했으니 복구해줘야 한다고 생각하고, 부모한테 전화해서 건담을 새로 사주면 문제가 해결될 것 같다고 이야기했어요. 학생 엄마는 이해를 했는데 만진 아이는 계속 억울한 마음이 있었어요. 그래서 일부러 망가뜨리려고 한 게 아니라는 걸 알겠다고 말하면서 아이의 두려움을 내려가게 해준 후, 어떤 게 억울하냐고 물으니 새 걸 사서 다 주는 건 좀 그렇다, 어차피 한 조각만 있으면 되니까 새로 사서 그 조각만 주고 싶다는 거예요. 생각지도 못한 방법인데 좋더라고요. 잃어버린 아이도 새로 만들 필요가 없잖아요. 그래서 새 걸 사서 조각 하나만 주었어요. 아이는 자기가 잘못한 거에 비해서 너무 큰 돈을 지불하는 게 싫었던 거죠. 그렇게 해결이 되었어요.

이런 사례에서 느낀 건 억울한 부분이 남지 않도록 하는 게 정말 중요하다는 거예요. 네가 잘못했으니까 이건 이렇게 하고 너도 이 정도는 참아, 이렇게 교통 정리를 하는 건 별로 좋지 않은 것 같아요. 이 말도 들어주고 저 말도 들어준 후 어떻게 하면 좋겠냐고 물었더니 창의적인 방법을 생각해낸 거죠. 그리고 그 아이도 건담동아리라서 다음 작품을 사야 되는 상황이었는데 자기는 그 조각 없이 만들어 보겠다고 했어요. 그것도 좋다고 그랬죠. 이 과정에서 그간 공부한 비폭력대화가 도움이 많이 되었어요.

15년 동안 비폭력대화를 하면서 많은 도움을 받았어요. 물론 늘 비폭력대화만 쓰지는 않아요. 혼낼 대도 있고 엄하게 할 때도 있는데, 비폭력대화를 배워서 좋은 거는 연결이 끊어져도 다시 연결할 수 있다는 거예요. 어떨 때는 부들부들 떨리고, 어떻게 해도 질서가 안 잡히는 경우가 있어요. 방해하는 게 목적인 학생들이 있는데, 그런 반에 들어가면 굉장히 힘들어요. 그럴 때는 "지금 너무 화가 나서 수업을 하기가 어려워요. 잠깐 멈추는 게 필요할 것 같아요"라고 말해요. 저는 그런 모습을 보여주는 게 가장 좋은 교육이라고 생각해요. 교사도 화가 날 수 있는데, 그때 자기 조절하는 모습을 아이들한테 보여주는 게 가장 좋은 교육이 아닐까 생각해요.

며칠 전에 그런 일이 있었어요. 예전에 3학년 교실에서 사물함이 앞으로 넘어진 적이 있어서 사물함을 건드리지 말라고 말했는데 어떤 학생이 사물함 뒤에 뭐가 들어갔다면서 사물함을 끌어당기는 장면을 목격했어요. 그걸 보고 너무 화가 나서 뭐라고 했더니, "이렇게 하면 꺼낼 수 있어요. 발상의 전환을 해보세요" 하는데 엄청 자극이 되더라고요. 여러 번 주의를 줬는데도 엉뚱한 얘기를 한다고 생각하니 막 화가 났죠. 교무실에 내려와 마음을 가라앉힌 후 그 학생을 불러 대화를 했어요. "아까 화내고 소리친 거 미안해. 나는 너희들 안전이 너무 중요해. 전에 이런 일이 있었기 때문에 여러 번 얘기를 했잖아." 선생님도 화낼 수 있지만 사과를 하고 제 욕구를 말하니 아이가 제 말을 받아들이더라구요. 그리고 물었어요. "아까 소리 질러서 많이 놀라거나 기분 나쁘지 않았어?" 그랬더니 아니라고 하더라구요. "선생님하고 평소에 신뢰가 있어서 그래? 아니면 어른들은 화낼 때 기본적으로 소리를 지른다고 생각해서 그래?" 물었더니 두 번째라는 거예요. 그때 그 아이에 대해 정보를 하나 얻었어요. 이 아이는 어른들은 소리 지르는 사람이라고 생각해서 별로 선생님 말에 신경을 안 썼다는 거죠. 이 친구는 작년에 많이 엎드려 있었고 수업시간에도 자주 잤는데, 지금은 아주 활발하고 제 말을 잘 수용해요. 이번 스승의 날에도 "사랑해요"라고 쓴 카드를 줬어요. 이 아이한테 "사랑해요"라는 말을 두 달 만에 들었으니 이것만으로도 성공이라고 생각해요. 사실 그날이 스승의 날이라 아침에 카드를 보고 정말 기뻤는데, 점심시간에 일이 일어난 거예요. 그래서 얘기했어요. "아침에 네 카드 보고 엄청 기쁘고 고마웠다. 근데 갑자기 이런 사건이

터져서 안타깝다"고요. 그러고 나서 오후부터는 다시 친해졌어요. 학교에서 선생님들이 비폭력대화만 할 수는 없어요. 근데 다시 연결될 수 있다는 게 되게 중요하다고 생각해요. 하루에도 여러 번 그런 일이 있어요.

당연히 힘들게 하는 부모도 있는데, 어느 정도 나이가 들었고 경력도 있고, 또 이런 일을 하는 게 많이 알려져서 저는 괜찮아요. 신학기 학부모총회 때 제가 비폭력대화와 마음챙김으로 학급운영을 한다고 이야기해요. 저희 반은 조회, 종례 시간에 마음챙김 인사를 하거든요. 그리고 싱잉볼Singing Bowl로 1분 정도 명상을 한 후에 수업을 시작해요. 작년부터 명상을 도입해서 하고 있는데, 꾸준히 공부해서 나름 전문적인 역량을 갖고 있는 걸 아니까 부모님들이 협조적이세요.

올 초에 약간 힘든 일은 있었어요. 우리 반 아이가 쉬는 시간에 옆 반 아이한테 맞았어요. A와 B가 우리 반이고 C가 다른 반인데, A가 C에 대해 한 말을 B가 C에게 전달한 거예요. 그 말을 듣고 C가 화가 나서 A를 때린 거죠. 알고 보니 A와 B는 1학년 때부터 사이가 안 좋았는데, 상담을 해보니 맞은 A의 엄마는 때린 C보다 말을 전한 B가 더 미워서 학교폭력으로 신고하고 싶고, 작년부터의 일을 다 얘기하고 싶다는 마음이 컸어요. 이 일은 '기린마을[*]'에 요청해서 풀었어요. 제가 연구부장하면서 6년간 우리 학교에서 기린마을을 운영했는데 올해는 예산이 없어 기린마을 운영을 못 하고 있지만, 저와 같이 교사연습모임을 하면서 기린마을 첫해부터 계속 우리 학교에 와 주신 노희정 선생님한테 도와달라고 요청했어요. 그래서 노희정 선생님이 세 명의 학생과 학부모를 각각 따로 만난 후 다 같이 만나서 오후 네 시부터 여덟 시 반까지 네 시간 반 동안 대화를 했어요. 마지막에는 평화의 약속을 하고 학생들이 다 사인을 했어요. 끝나고 나서 A에게 지금 마음이 어떠냐고 물었더니 "너무 좋아요. 하고 싶은 말을 다 했어요." 딱 두 문장이었어요. B는 스승의 날, "친구와 갈등이 있을 때 선생님이 도와주셔서 감사합니다"라고 편지를 썼어요. 제가 직접 주재한 게 아닌데도 학생과 부모님들이 학교 측이 이런 기회를 마련해서 갈등을 해결할 수 있도록 안내를 해줬다는 거에 대해서 고마워했어요.

선생님이 직접 하는 것보다 외부 지원을 받는 게 더 도움이 되나요.

제가 할 수 있는 범위가 있어요. 갈등이 크지 않을 때는 담임 선에서 충분히 할 수 있어요. 그런데 이번 건은 1학년 때부터 사연이

---

[*] 비폭력대화를 기반으로 학교공동체의 갈등을 평화롭게 해결하는 공간이다.

많은데 1학년 때 일을 제가 잘 모르는 상태인 데다 때린 학생이 다른 반이라 이 학생 부모님에게 제가 직접 연락하기가 어렵고, 학생도 직접 지도하기가 어려워서 기린마을에서 중재하는 게 좋겠다고 생각했던 거죠. 다행히 기린마을을 운영해 왔다는 걸 부모님들이 알고 계셨기 때문에 동의를 하셨어요. 사실 A의 부모가 원치 않으면 못 하거든요.

제가 그 얘기는 했어요. 기린마을에서도 해결이 안 되면 '학폭(학교폭력대책심의위원회)' 하셔도 된다, 그러나 이게 가장 좋은 방법인 거 같아서 아이들한테 한 번 경험해 보게 하고 싶다고요. 학폭으로 가면 당사자끼리는 만나지도 못하고 증거가 있냐 없냐만 가지고 판단을 내리는데, 그러면 벌 받은 애는 자기를 벌 받게 한 아이를 평생 미워할 거고, 피해자 입장에서는 자기의 고통에 비해 벌이 약하다고 생각해서 불만족스러워 할 거라고요. 그리고 학폭은 접수 후 6개월 후에나 결론이 나오니 우선 같이 얘기해보는 게 어떻겠냐고요. 끝나고 나서 어머님들이 너무 고마워하셨죠. 물론 좀 더 두고 보겠다는 마음도 있었는데, 학폭에 갔을 때보다 훨씬 더 교육적이고 아이가 깨달을 수 있는 기회가 됐을 거라고 말씀드렸어요. 아이들은 부모가 진심으로 사과하는 모습을 보면서 자기 행동에 대한 경각심을 갖게 되었고, 부모님들도 다른 아이들의 여기를 들으면서 사건을 종합적으로 본 거 같아요. 저는 아이들이 써준 글이 너무 고마웠어요.

스승의 날 카드 두 개를 보면서 그 일이 되게 보람으로 남아 있어요.

비폭력대화 외에 명상도 하시고 책도 두 권이나 내셨더라고요.

2021년에 《선생님의 마음챙김》을 냈고, 2025년 11월에 《자라느라 애쓰는 10대를 위한 마음챙김》을 냈어요. 사실 명상은 비폭력대화가 시작이었죠. 비폭력대화에서는 체크인하면서 자기 몸과 마음의 느낌을 알아차리게 되는데, 그게 바로 명상이거든요. 그 전에는 명상을 해본 적이 없는데, 비폭력대화를 하다 보니 마음챙김이 필요하겠다 싶어서 명상과 싱잉볼을 배웠어요. 책 쓰기는 제가 페이스북에 비폭력대화 하는 글을 계속 올리니까 어떤 출판사 사장님이 보시고 제안해 주서서 시작했어요. 처음에는 '선생님의 대화법'이라는 제목으로 글을 썼는데, 사정이 생겨서 출판을 못하고 1년 동안 다시 준비해서 '선생님의 마음챙김'이라는 제목으로 책을 냈어요. 책 안에는 비폭력대화도 한 챕터 들어가 있어요. 지금은 비폭력대화와 마음챙김 둘 다 하는데, 책이 나왔기 때문에 마음챙김 강의를 더 많이 하게 되더군요. 책을 쓰고 나니까 또 쓸 수 있겠다는 생각이 들어요. 책이라는 게 공부하면서 쓰면 되는 거구나, 내가 실천하면서 쓰면 되는 거구나 싶어요. 그렇게 해서 나온 책이 《자라느라 애쓰는 10대를 위한 마음챙김》이에요. 내용은 학생들이 다양한 상황별로 적용할 수 있는 마음챙김 명상으로 되어 있어요. 이 책은 반 학생들이나 우리 학교 인성교육할 때 쓸 수 있겠죠. 그렇게 계속 창조성을 발휘하면서 살고 싶은 게 제 소망이에요.

'교사의 마음챙김'은 어떻게 하고 계시나요.

비폭력대화 연습모임이 너무 좋아서 마음챙김 연습모임도 만들었는데 5년 정도 되었어요. 선생님의 마음챙김을 줄여서 '선마음'이라고 이름 붙이고, 한 달에 두 번 토요일 저녁 8시부터 9시까지 모여서 명상을 해요. 요즘은 학교에서 사회정서학습을 하니까 마음챙김을 학교현장에 어떻게 접목할 수 있을지 고민하면서 실천 사례도 나누고 있어요.

끊임없이 배우고 연습하시는군요.

저는 사람 모으는 걸 좋아하는 것 같아요. 그리고 활동한 걸 페이스북에 올리는데 생각보다 많은 사람이 보고 있어요. 그래서 제가 모임을 하자고 하면 사람들이 잘 모이더라고요. 그게 저한테 주어진 복인 거 같아요. 저는 혼자 할 때보다는 같이할 때가 더 좋아요. 공감도 1대 1 공감보다 연습모임에서 하는 공감이 훨씬 효과적이라고 느낄 때가 많거든요. 1대 1 공감은 아직 숙련이 안 돼서 좀 그렇기도 하고, 아는 사이에서는 또 공감만 하기가 어려워요. 그런데 연습모임 진행자 자리에서 하면 더 잘 알아차리면서 공감하는 말이 나오고, 또 함께하는 분들의 힘이 있으니까 그 안에 치유의 에너지 장이 만들어지는 것 같아요. 그래서 저는 그냥 프로세스대로 하는데도 선생님들이 많은 힘을 받고 가서요.

저를 많이 지원해 주셔요. 올 겨울방학 때도 교장 선생님을 찾아가서 작년에 우리 학급에서 명상을 해보니까 도움이 됐던 것 같다, 이걸 학교 전체에서 하고 싶다고 말씀드렸더니 지원해 주셨어요. 그래서 수요일 아침마다 제가 녹음한 마음챙김 음성파일을 방송으로 틀어서 전교생이 명상을 하고 있어요. 그리고 의무적으로 학교폭력 예방교육을 할 때 마음챙김이나 느낌, 욕구 관련해서 찍은 유튜브 영상을 보여주기도 해요. 이게 효과가 있는 게, 우리 선생님이 유튜브에서 강의했다면서 학생들이 들어 주고, 다른 반 애들도 잘 봤다고 얘기해 줘요.

교장이나 교감 선생님의 경우, 이분들도 한 명의 인간인데, 학교의 온갖 민원이 다 그분들께 가고 있어요. 이제는 학부모들이 담임을 안 만나고 바로 교장, 교감을 찾아가거든요. 교장, 교감 선생님이 욕받이가 되었고 민원에 가장 많이 시달려요. 이분들을 상대해도 자기 뜻대로 안 되면 소송까지 가요. 그래서 제가 지난 여름방학 때 교장, 교감 선생님에게 마음챙김 어플 한 달치를 선물로 보내면서 매일 집에서 명상하시라고 했어요. 교장이나 교감은 십자가를 지는 거라 요즘은 아무도 그 직책을 안 맡으려고 해요.

비폭력대화가 그분들께 도움이 되면 좋겠네요.

제가 '토닥토닥 공감모임'을 열었을 때 연결의 대화를 같이하고 있는 선생님이 학교 메신저에 모임을 알렸나 봐요. 그래서 한 분이 오셨는데 교감 선생님이었어요. 지금도 모임이 큰 힘이 된다면서 매달 오고 계세요. 처음에는 교감이라는 걸 밝히지는 않으셨는데 얘기하다가 알게 되었어요. 얼마 전 모임에서도 공감을 받으셨는데, 학부모가 전화로 지금 갈 테니 딱 기다리라고 한 말이 엄청 자극이 되셨다고 해요. 그 말로 공감을 해드렸지요. 교장, 교감 선생님들이 비폭력대화 연수를 많이 받으셨으면 좋겠어요. 사립학교 선생님들은 교육청에 연이 없어서 어려운데, 공립학교 수석교사들이 교육청에 제안해 주면 어떨까 싶기도 해요.

비폭력대화교육원에 하시고 싶은 말씀이 있을까요.

요즘 새로운 책들이 많이 나오고 책과 관련된 모임도 다양하게 생겨서 너무 반가워요. 옛날에는 NVC1, 2, 3만 있었는데 지금은 비폭력대화가 확장되는 거 같아서 더 반갑죠. 그리고 온라인으로 하니까 큰 비용 들이지 않고도 할 수 있어서 더 좋아요. 《공명하는 자아》는 두 번 했고,《평화로운 삶》과《비폭력으로 살아가기》는 매일 한 페이지씩 읽으니까 너무 좋더라고요. 삶 속에서 비폭력대화 의식을 경험할 수 있게 하는 활동이 계속 많아졌으면 좋겠어요.《억만장자로 사는 법》이나《남자는 어떻게 불행해지는가》도 샀는데 못 읽고 있어요. 책을 혼자 읽기가 힘들고, 또 어떤 책들은 그냥 후루룩 읽을 수 있는 책들이 아니니 독서 모임을 만들어 주면 좋겠어요.

우리 삶에 가장 많은 영향을 주는 사람은 단연 부모와 선생님입니다. 그래서 마셜도 부모와 교사 교육에 가장 많은 관심과 열정을 기울이셨을 겁니다. 비폭력대화와 마음챙김 명상을 깊이 공부하고 학급운영과 수업에 도입하신 심윤정 선생님 같은 분을 한창 감수성 예민한 중학시절에 만났다면 우리의 삶은 얼마나 풍요로워졌을까요? 경쟁이 치열한 강남에 이런 선생님이 계시다니 너무 다행이라는 생각이 듭니다. 선생님과 시간을 함께한 학생들은 힘들 때 찾아갈 수 있는 오아시스를 마음에 품고 있을 것 같습니다.

연민과 소통이 오가는
'맘편한' 편의점 주인

—

오부천

2023년 11월 한국NVC센터 악플세탁소 거소식이 열렸습니다. 그 자리에 편의점을 하신다는 오부천 님(논산시 소재 편의점주)이 참석하셨는데, 힘든 고객도 그분의 말 한 마디면 순해진다는 이야기를 들었습니다. 그분의 실전 대화 현장이 너무 궁금했습니다. 베스트셀러 《불편한 편의점》을 읽은 후라 더욱 호기심이 일었습니다. 2024년 8월, 논산에 있는 편의점을 방문하니 제 뒤를 이어 '이모'라고 부르며 한 남자가 들어옵니다.

조카 분이에요?

고객으로 자주 오면서 친해진 분이에요. 장애가 있지만 부모님이 잘 돌봐주셔서 그런지 사회 생활에 아무 지장이 없어요. 요즘 경기가 안 좋아서 경영에 어려움이 많아요. 편의점 운영은 2인 1조로 돌아가며 해야 하는데 인건비가 안 남으니 저 혼자 버티며 하고 있었어요. 그런데 이모 혼자 어떻게 하냐면서 자기도 일하고 싶지만 일자리가 없어 맨날 방황하고 다닌다고 하더라고요. 그래서 오고 싶으면 오고 가고 싶으면 가고, 상황 따라 편하게 해보라고 했어요. 그렇게 몇 달 전부터 일하기 시작했어요.

고향이 논산이신가요.

친정은 인천이고 결혼 후 인근 부여에서 25년째 살고 있어요. 편의점을 논산에 연 이유는 오빠가 인천에 살다가 저랑 가까이 살고 싶다면서 2020년 여름쯤 논산에 집을 구했기 때문이에요. 오빠는 20년간 삼성 에어컨서비스 기사로 일했는데 정신적으로 힘들어 술을 많이 마시다가 이혼까지 했어요. 그 후 마음 편한 곳에서 본인 기술로 살아보겠다고 이곳으로 내려와 1년 동안은 회복하는 듯 했는데, 겨울에 일이 없어지면서 다시 술을 찾더라구요. 그래서 제가 부랴부랴 편의점을 시작했어요.

편의점 하기 전에는 봉사활동을 했어요. 성폭력상담소에서 일한 적도 있는데, 책상에 앉아 서류만 챙기는 일이라 3개월 하고 그만두고 나서는 단순 봉사활동만 했어요. 그런데 남편이 이제 애도 컸으니 직장생활 한번 해보라면서 편의점을 권했어요. 친구 아내가 대전에서 편의점을 하는데 괜찮다는 얘기를 들었다고요. 그때 오빠도 불면증이 있어서 밤에 할 수 있는 일자리를 생각하고 있었는데, 편의점은 오빠에게도 육체적으로 힘들지 않게 할 수 있는 일이겠구나 싶어서 같이 시작했어요. 그런데 결과적으로 얻은 게 하나도 없어요. 경제적인 손실도 엄청나게 입었고 오빠도 하늘나라로 갔어요. 오빠는 20년 넘도록 삶의 방향을 잃고 사는 걸 힘들어하면서 알코올 중독에 빠졌어요. 어떻게든 이겨내려고 무진 애를 썼지만, 오랜 세월 방황하다 보니까 자꾸 꺾이더라고요. 약물 치료와 입원치료도 했는데 계속 안 좋아졌어요. 결국 술을 많이 마시고 자다가 그냥 하늘나라로 가버렸어요.

그때 많이 힘드셨겠어요. 편의점 운영은 어떤가요.

편의점은 5년 계약인데 2025년 12월이 만기에요. 한 6개월 운영해 보니까 운영이 전혀 안 되더라구요. 그래서 폐업을 하고 싶다고 회사에 말했더니 위약금이 엄청났어요. 결국 폐업을 못 하고 그냥 하고 있어요. 계속 적자인데 위약금보다 적자가 더 적으니까 그냥 끌고 가는 거예요. 편의점은 모르고 하면 지옥을 왔다 갔다 해요. 편의점 중에 살아남는 곳은 많지 않죠. 10명 중 6, 7명은 쓰러져요. 폐업도 줄줄이 밀려 있어서 하고 싶어도 빨리 못 해요.

책으로 먼저 접한 후 2016년 대전에서 NVC1을 배웠어요. 저는 아이가 초등학교에 입학한 후 아이를 등하교시키면서 교통지도 봉사를 6년간 했어요. 봉사하면서 놀란 건 아이들이 너무 힘들어 보이는 거였어요. 아이들의 그런 모습에 관심을 가지면서 공부를 시작했죠. 그때는 최성애 교수님 책을 주로 읽었어요. 그리고 박근혜 정부 시절 4대악 근절정책에 관심이 가서 근처에 있는 성폭력상담소에 봉사활동을 하러 갔어요. 그런데 봉사활동을 하다 보니 상담이 전부는 아닌 것 같았어요. 계속 책을 읽고 교육을 받는데도 뭔가 부족하고 답답했어요. '뭘까?' 하면서 인터넷 검색을 엄청 많이 했죠. 그러다가 '비폭력대화'를 발견했는데, 그 단어가 마음 깊숙이 와닿더라구요. 그래서 비폭력대화센터 홈페이지를 찾아 들어갔고 NVC1 과정이 열리는 것을 알게 되었어요.

당시 저는 사람들에게 얼마든지 행복하게 살 수 있다는 것을 전달하고 싶은데, 어떤 방법으로 전달해야 할지 방법을 찾으려고 많이 애썼던 것 같아요. 응원이나 칭찬은 아무리 해 줘도 솜사탕처럼 그 때뿐인 거잖아요. 그런데 비폭력대화를 배우고 대화를 하니까 사람들 얼굴에 화색이 확 도는 게 느껴졌어요. 여기에는 이야기하러 오시는 분들이 많아요. 인근 기관에서 일하는 분도 오시는데, 본인도 비폭력대화 교육을 받았지만 그렇게 깊이 있게 배우지 못한 것 같다고, 저랑 대화하면서 힘을 많이 얻는다고 하셔요. 그리고 사례자 대상으로 비폭력대화 교육을 하고 싶다고 하셔서 홍성에 계시는 김순임 선생님을 연결해 드렸어요.

손님이 커피를 뽑는 순간에도 그분의 마음이 느껴져요. "피곤하신가 봐요?" 하고 얘기를 건네면 얼굴이 좀 펴지면서, "오늘 좀 그래요" 하세요. 단골 한 분은 며칠 연속 성당에 가시는데, "오늘 아침에는 엄청난 축복을 받으셨나 봐요. 이렇게 활짝 웃는 모습과 환한 안색은 처음"이라고 말씀드렸더니 맞다고, 정말 너무 행복한 날이라고 하더라고요. 그렇게 감정을 추측해서 말해주면 사람들이 편안해하는 거 같아요. 물론 힘들게 하는 손님들도 많고 정말 어떤 말도 통하지 않는 분들도 있어요. 그런 분에게는 얼굴을 빤히 쳐다보면서 "손님" 하고 부르고는, 좀 있다가 "오늘 편하게 보내시라고요"라고 인사드려요. 그러면 웃으면서 가요.

제일 힘들었던 건 성추행이에요. 부여에서는 성폭력 예방활동이나 상담을 많이 하는데, 여기는 성에 대한 인식이 너무 다르더라고요. 한번은 물건을 냉장고 안에 정리하고 있는데 어떤 분이 뒤에서 제 허리를 잡았어요. 그때 이런 문화가 지역에 너무 깊이 뿌리박혀 있다는 걸 피부로 알게 되었어요. 우선은 빨리 피한 후 불쾌하다는 표현을 했죠. 그런데 다음날 또 왔길래, 아무리 저와 편한 관계라고 해도 이런 행동은 성추행 범죄로 갈 수 있다, 선생님이 성 개념을 아셔야 될 거 같아서 교육기관으로 연결해 드리고 싶다, 그렇게 하실 수 있겠냐고 물었더니 처음에는 멈칫하면서 생각해보겠다고 하더라고요. 그리고는 다음날 와서 본인한테 왜 그런 얘기를 했냐고 물어보시더라고요. 그래서 다른 분이었으면 성범죄로 구속될 수도 있는 상황이다, 처벌이 굉장히 강화된 거를 아셔야 한다, 선생님이 똑같은 실수를 반복하지 않기 위해서, 무엇보다 모든 사람들이 안전하게 살아갈 수 있기 위해 이 과정을 거치고 싶다고 얘기를 했죠. 그랬더니 흔쾌히 동의하시고 가서 교육을 받으셨어요.

불쾌하다고 표현했는데 계속 오고 교육도 받았다니, 놀랍네요.

대상에 따라 다르게 대처하는 게 되게 중요해요. 제가 솔직하게 말할 수 있었던 건 그분이 어느 정도 의식을 갖고 있는 분이라고 생각했기 때문이에요. 본인도 교육을 받으면서 너무 많은 걸 알게 되어서 엄청 도움이 됐다고 하셨어요. 성추행으로 경찰서에 가면 직업에도 영향을 받는 거잖아요. 그분은 지금도 단골로 오세요.

많죠. 그분들도 저를 신뢰하는 거 같아요. 제가 일반인과 똑같이 대하니 서로 존중하는 관계로 지낼 스 있는 것 같아요. 알콜 중독자들은 자신들이 피해자인데 전혀 이해받지 못한다고 생각해요. 저는 그분들이 오면 따뜻하게 대해요. 이들은 대개 남들에게 무시받고 있다고 생각해서 말을 길게 안 해요. 다른 분들은 "이건 얼마에요? 저건 얼마에요?" 하면서 말을 이어가는데, 그분들은 "여깄어요"가 다예요. 그러면 제가 계속 말을 걸어요. "고객님, 이거는 이러저러해서 오천 원이고 저거는 이러저러해서 사천 원인데, 어떤 게 더 좋으세요?" 그러면 "몰라요. 아무거나", 그래요. "오늘 기분이 안 좋으세요? 안색이 좀 그러시네요"라고 얘기하면 "아닌데…" 하면서 말이 조금씩 많아지고 속 이야기를 해요.

근처 임대주택 거주자들은 바로 옆집에도 자기 이야기를 전혀 안 하는데 여기 와서는 하게 된다고 해요. 어떤 분은 사업을 크게 하다 망해서 더 이상 살아갈 희망이 없다고 하고, 어떤 분은 아들이 의사였는데 어느 순간 자식이 먼저 갔다고 그러는데, 저는 이런 이야기를 그냥 들어 드려요. 술을 사면서 "내가 한심해 보이죠?" 이렇게 먼저 얘기를 꺼내기도 해요. 그러면 "술도 음식이고 드실 만하니까 드시겠죠. 즐겁고 기쁜 날도 있으셨을 테니, 해보고 싶은 거 하시는 모습을 보면 좋겠어요" 하고 얘기하면 좋아해요. 그분들은 적절한 지원이 안 돼서 삶을 포기하는 것 같아요. 그런 분들이 절망에 빠졌을 때 누군가가 손을 잡아주면 다른 삶을 살 수 있지 않을까, 그런 생각이 들어요.

오빠가 술에 의존하게 된 계기가 있었나요.

우울 성향도 있었고, 외상 후 스트레스 장애라고 해야 되나, 군대에 가서 느닷없이 엄청 맞았나 봐요. 그리고 에어컨 설치 하다가 아파트 15층에서 할머니가 투신하는 거를 보고 신고를 한 적이 있었는데, 그 모습이 잊히지 않는다고 했어요. 마음이 원래 약한데 그런 일을 경험하면서 불안과 두려움이 커지다 보니 그걸 이겨내려고 술을 먹지 않았을까 싶어요. 다만, 비폭력대화 덕분에 저희 가족에게는 놀라운 기적이 일어났어요. 친정 가족들한테 어마어마한 힘을 주었거든요. 수십 년 동안 짊어지고 있던 삶의 고통이 지금은 평화롭게 정리가 되었고, 각자 자리를 잡았어요.

네. 그야말로 전쟁이 끝나고 평화를 찾은 거죠. 어렸을 때부터 제가 착하고 온순하기는 했지만 실질적으로 도움이 되는 사람은 아니었어요. 그런데 단지 말로 사람들의 마음을 움직인 거예요. 비폭력대화에서 배운 관찰, 느낌, 욕구, 부탁 이 네 가지 요소의 힘으로요. 우선, 친정엄마를 많이 공감해 드렸어요. 엄마도 이제는 본인의 삶을 어떻게 살아야 하는지 아서요. 오빠가 일찍 간 게 엄마한테는 한이 되었지만, 오빠가 일찍 갈 거를 예측하고 제가 계속 얘기를 해서 마음의 준비를 하게 했어요. 그리고 보낼 때도 잘 보내줬어요. 그런 힘이 결국 다 비폭력대화에서 나왔다고 생각해요.

남편과의 관계에도 엄청난 도움을 받았어요. 남들은 다 인정하는데 남편은 저를 인정 안 했어요. 남편은 외식을 가도 밥 다 먹으면 혼자 나가는 사람이에요. 허기만 때우면 되지, 왜 밥을 밖에서 먹냐고 외식도 안 하려고 했죠. 저는 밥 먹으면서 서로 이야기도 하고 싶은데 남편은 그렇지 않은 거예요. 생각의 차이가 너무 컸어요. 그런데 비폭력대화를 배운 후 공감해 주니 조금씩 변하더라구요. 지금은 제 말을 잘 들어줘요. 집 근처에 다리가 있는데, 그 다리를 건너야 시내가 나와요. 남편은 절대 그 다리를 건너지 않는 사람이라고 동네에 소문이 자자했는데, 이제는 그 다리를 아주 가볍게 건너요.

손님들과 관계는 어때요.

상대에 대한 두려움보다 저 자신에 대한 두려움이 더 큰 것 같아
요. 상대의 분노에 대응하는 방법을 알지만, 제 에너지가 안 되는 게
두려워요. 여기서 하루 18시간 일하면 잠이 부족해서 몸이 말을 안
들어요. 저녁 9시 넘어가면 우울해지고, 말 한마디 하기도 힘들고,
말도 헛나가고, 머릿속에서 벌떼들이 윙윙대는 것처럼 정신이 없어
요. 하루 평균 수면 시간이 4시간인데, 가게를 1년 365일 열어야 한
다고 생각해 보세요. 하루도 쉬는 날이 없이. 그래서 편의점 5년 계
약을 흔히 전자발찌라고 해요.

그래도 손님들이 선생님에 대한 신뢰가 있는 것 같아요.

바쁠 때는 무인운영을 하는데 손님들이 알아서 계산하고 가요.
다른 곳은 상상도 못할 일이라고 해요. 제가 무인운영 신청을 안 했
기 때문에 하면 안 되는데, 손님들이 진짜 잘 해요. 물건을 함부로
가져가는 사람은 없어요. 오히려 무인운영을 하기 전에 그런 일이
있었어요. 저는 무인운영을 시작하기 전에 미리 안내를 했어요. 무
인운영을 하면 CCTV로 찍을 거고 자동으로 카운트가 되서 재고 현
황이 다 뜬다고 얘기하고 실습과 훈련을 반복했어요. 그랬더니 잘
하세요. 처음 온 분들은 전화로 물어보면서 계산하고, 학생들은 현
금 결제를 많이 하는데 방법을 찾아서 잘 하더라고요. 초등학생들

이 계산하는 게 너무 귀여워서 동영상을 저장해둔 게 있는데, 현금 통이 없으니 CCTV에 대고 돈을 여기에 둔다고 말하는 동영상이에 요. 그 후로 현금상자를 두었더니 거스름돈을 챙겨가요. 재미있고 훈훈한 상황들이 많아요.

편의점주 밴드가 있는데, 거기에서 《불편한 편의점》 책 이야기가 나오더군요. 사실 밴드에는 경영주들의 온갖 스트레스가 다 올라와 요. 밴드가 감정 쓰레기통으로 쓰이기도 하지만 때론 축하와 감사, 공감으로 연결되는 순간도 있어요. 제가 조금 여유가 있다면 점주 들을 찾아가 공감해 주고 본사와의 갈등을 풀어갈 방법에 대해 의견 을 나누면서 좋은 방법을 찾고 싶다는 생각을 많이 해요. 근데 지금 은 모든 걸 내려놓고 쉬고 싶어요. 오빠가 내려온 후 5년 동안 제 생 활보다 오빠에게 집중해서 많이 지쳤어요. 잠을 못 자서 몸도 지쳐 있고 가게 안에서 보내는 시간이 길어서 지쳐요. 잠을 못 자는 게 제 일 큰 문제에요. 점주들은 편의점 만기가 되면 다들 어디 가서 잠만 잘 거라고 얘기해요. 저희 가게는 하루 6시간만 문을 닫아요. 편의 점 계약이 16시간, 18시간, 24시간 그렇게 되어 있는데 저는 18시간 계약이에요.

장사가 잘 되면 직원 두고 충분히 할 수 있겠죠. 알고 보면 편의점만큼 편한 직업이 없어요. 수입이 되는 좋은 자리는 그냥 직원 관리만 하면 되거든요. 모든 점주들이 그 꿈을 꾸는데 현실은 그렇지 않다는 게 문제죠. 주변에는 경쟁점이 꽉 차 있어요. 홈플러스, 노브랜드, 식자재마트, 햄버거 가게, 샌드위치 가게, 꽈배기 집 등 경쟁점이 너무 많아요. 한 시간 인건비가 거의 만 원인데, 우리가 한 시간에 벌 수 있는 돈은 2~3천 원이에요. 1만 원어치 팔면 그 중 7~8천 원은 상품 매입비와 운반비로 빠져나가고, 2~3천 원으로 인건비, 임대료, 관리비를 내는 거예요.

본사에는 어떻게 대응하고 계신지요.

본사 담당자들이 오면 문제를 피부로 느낄 수 있도록 경험하게 해요. 그러면 충분히 이해하면서 회사가 이러저러하게 해야 한다고 생각하는데, 막상 그 생각을 본사에 전달하면 안 먹히는 거죠.

그래도 이 일의 의미를 생각한다면 어떤 게 있을까요.

고객님들과의 인연이죠. 많은 사람을 접하면서 그들의 삶을 폭넓게 들여다봤어요. 그러면서 제 삶도 들여다보게 되었고요. 사람들에게는 일자리가 제일 큰 문제인 거 같고, 먹고는 사는데 삶에 대한 확신이 없어 보여요. 사람들이 새로운 걸 계획하고 도전할 때 지지해주고 끝까지 갈 수 있게 힘이 되어 주는 정책이 필요한 거 같아요.

얘기하려고 자주 오는 손님들이 있어요. 마음이 답답해서 오는데, 한 번 왔다 가면 그냥 편안하고 좋은가 봐요. 잠시나마 마음의 위안이 되는 그런 장소라고나 할까요? 자신의 상태를 알리고 싶어 하는 사람들도 많아요. 어떤 도움을 청하는 게 아니라, 그냥 그 순간 자신을 표현하고 싶은 거죠. 그런 것들을 함께 나눌 수 있는 환경이 되면 좋겠죠.

저한테 그런 센터를 하나 개설하라고 하는데, 지금은 에너지가 없지만 누군가 하신다면 열심히 돕고 싶어요. 사실 마을중재나 악플세탁소도 매력이 있어요. 다만 제일 하고 싶은 건 아름다운 말을 사용하는 가슴의 대화, '하트스토밍' 같은 걸 하고 싶어요. 브레인스토밍처럼 머리로 하는 대화 말고 마음에서 우러나는 진솔한 대화요. 사람들이 저랑 대화하면 긍정의 에너지를 얻는다고 하니까 계속 그런 대화를 하고 싶어요. 물론 비폭력대화도 계속 공부하고 싶어요. 2018년에 중재 과정까지 했고, 라이프도 하고 싶은데 기회가 올 거라고 생각하고 기다리고 있어요. 몸은 힘들지만, 날마다 새로운 힘이 생겨요. 비폭력대화의 네 가지 요소를 마음에 두고 살다 보니, 내가 이렇게 행복해도 되나? 그런 생각이 들 정도로 정말 너무 좋아요. 상대를 공감하는 것도 좋지만, 제가 제 자신을 잘 들여다 볼 수 있다는 것이 일상의 행복이에요. 중재 동기 밴드에 올려놓은 글이 있어요. "관찰은 지혜를 심어주고, 느낌은 세포 조직을 살피고, 욕구는 세상을 바라보는 관점을 바꾸고, 부탁은 나와 모든 것에 생기를 불어넣는다." 계속 관찰, 느낌, 욕구, 부탁을 들여다보니까 이런 생각들이 자연스럽게 올라와요.

돌아오는 기차 안에서 편의점의 실태를 검색했습니다. 본사가 제공하는 불확실한 정보를 믿고 점포를 열고 경쟁에 내몰려 파산 지경에 처한 자영업자들의 처참한 현실에 참으로 가슴이 쓰라렸습니다. 하루 18시간 일해도 적자만 쌓여가는 고통스런 삶의 현장에서 비폭력대화를 등불삼아 주변의 힘든 분들에게

빛을 비추고 있는 오부천 님을 떠올리며, 잠도 못 자면서 18시간 '마을공감센터'를 운영하고 계시는 모습에 고개가 숙여졌습니다.

〈인터뷰 후기〉

2025년 10월 31일, 5년 계약이라는 긴 터널의 끝자락에서 오부천 님이 본사와 협의하여 한 달 빠르게 영업을 종료하게 되었다는 소식을 들었습니다. 그 사이 건물주는 힘든 사정을 헤아려 임대료를 내리고 보증금에서 공제해 줌으로써 만기까지 버틸 수 있었다고 합니다. 또 폐점 소식을 들은 손님들이 편지와 함께 손뜨개로 만든 키링과 현금을 보냈다고 합니다. 끝까지 감동의 편의점입니다. 손님 한 분의 감사 편지를 소개합니다.

안녕하세요 사장님.

항상 방문할 때마다 밝은 미소로 반겨 주시고, 세심한 배려와 친절함으로 다가와 주시는 사장님 덕분에 늘 감사하게 생활하고 있습니다.
아이한테 이야기 전해 듣고 놀랐습니다. 사장님께서 오랜 시간 동안 혼자서 묵묵히 가게를 지켜오시면서 얼마나 힘드셨을지 또 얼마나 외롭고 버거우셨을지 감히 짐작해 봅니다. 요즘 물가도 점점 오르고 경영이 어려워지는 상황에서 그 모든 무게를 혼자 감당하시느라 참으로 애쓰셨고 더 자주 찾아가지 못해서 오히려 죄송스럽기만 하네요.

처음 편의점 오픈하셨을 때 반가웠고 우리 아이 학교 다니는 동안 유일하게 가는 편의점, 갈 때마다 더 챙겨주시려는 사장님께 한편으로는 죄송하면서도 감사했어요. 제가 아플 때 아이가 편의점 가서 죽을 사는데 사장님께서 어디 아프냐고 여쭈어 주셔서 엄마가 편찮으시다고 말씀 드렸더니 /+/이 아닌데도 하나를 더 챙겨 주시면서 엄마 아프지 마시라고 전해 달라는 말씀을 하셨다고 들었어요. 챙겨주시는 마음도 감사하고 따뜻한 말 한마디가 너무 감사해서 언젠가는 꼭 감사의 마음을 전하고 싶었어요.

한창 포켓몬빵 띠부씰 유행했을 때 아이에게 연락주셨던 그때도 얼마나 감사했는지 몰라요. 사장님 진심으로 감사하고 또 감사합니다. 편의점은 물건을 파는 곳이지만 손님들의 마음을 읽어주고 공감해주는 쉼터 같아요. 사장님께서 한 분 한 분 그냥 지나치지 않고 베풀어주신 따뜻한 관심과 배려, 그리고 공감을 잘해 주시는 사장님의 따뜻한 마음 잊지 않을게요. 사장님과의 소중한 인연에 감사드리고, 아이에게 잊지 못할 추억의 편의점으로 오래오래 기억 속에 간직할 게요.

아쉽지만 그동안 너무 고생하셨어요. 마지막까지 아이에게 더 자주 가라고 할게요. 사장님 홍삼원 감사합니다. 솔직히 눈물났어요. 감사함보다 더 자주 가지 못한 죄송한 마음이었거든요. 마지막 인사라는 말이 더 울컥했나 봐요.

　어디 가서든 오늘보다 더 행복하고 웃는 날이 더 많아지고 기분 좋은 일만 가득하셨으면 좋겠어요. 몸도 마음도 건강해지는 것은 최고의 휴식밖에 없더라구요. 물론 스트레스 없는 100점의 하루를 보내시면 더 더 좋고요. 항상 건강하시고 행복하세요. 감사합니다.

○○엄마

　PS. 제가 말보다 글로 대신 하네요. 저의 작은 마음이니 꼬〜옥 받아주세요. 그동안 서비스도 챙겨주시고 따듯한 마음까지 배려해주신만큼 부족하지만 제가 사장님께 드리고 싶어서 급하게 네잎 클로버 키링을 만들어 봤네요. 늘 행운이 함께하시길 바라며, 큰 액수는 아니지만 감사의 마음으로 받아주셨으면 좋겠습니다. 늘 응원하겠습니다.

말을 바꾸니 일터가 달라졌다

펴낸날 · 초판 1쇄 발행 2026년 3월 3일

지은이 · 윤인숙
펴낸이 · 캐서린 한
펴낸곳 · 한국NVC출판사
편집장 · 김일수
마케팅 · 권순민, 고원열, 구름산책
인쇄 · 천광인쇄사
용지 · 페이퍼프라이스
출판등록 · 제312-2008-000011호 (2008. 4. 4)
주소 · (03035) 서울시 종로구 자하문로 17길 12-9(옥인동) 2층
전화 · (02)3142-5586　팩스 · 02)325-5587
홈페이지 · www.krnvcbooks.com　　인스타그램 · kr_nvc_book
블로그 · blog.naver.com/krnvcbook　유튜브 · youtube.com/@nvc
페이스북 · facebook.com/krnvc　　이메일 · book@krnvc.org

ISBN 979-11-85121-65-9 (03180)

• 책값은 뒤표지에 있습니다.
• 잘못 만들어진 책은 구입하신 서점에서 교환해 드립니다.